Java 人工知能プログラミング

オブジェクト指向と関数スタイルによる AI の実装

深井　裕二　著

- 本書の一部または全部を出版元に無断で複製，転載することを禁じます。
- 本書の記載内容は，その効果を保証するものではありません。また，記載されている
  ソフトウェアおよびソースコードの導入や運用による損害に対する一切の責任を負い
  ません。
- 本書に記載されているホームページの URL は予告なく変更されることがあります。
- 本書に記載されている製品名は各社の登録商標または商標です。なお本書中では™©®
  の表示を省略しています。

はじめに

　プログラミングや情報工学を学ぶ人なら，興味を持ち一度は触れてみたい分野に人工知能（**Artificial Intelligence, AI**）があります。**AI** は，コンピュータが人間の知的処理能力を模倣して処理する情報技術であり，その歴史は古く，コンピュータが専門知識をもとに，診断や分析などの専門家の知的作業を行う推論システム，機械学習によるパターン認識，ロボット技術などに活用され，高度な情報技術へと発展してきました。また，ゲーム **AI** と呼ばれる分野では，あたかも知能があるかのようなキャラクタのふるまいで仮想世界のリアリティを向上させ，ゲームは娯楽として高い実用性を実現していると感じさせます。近年では，ディープラーニング（深層学習）と呼ばれる **AI** 分野が注目され，機械が自ら学習によって特徴を見出すような高度な認識技術が研究されてきました。これはまさに人間に近づく知的機能を意味しており，**AI** のさらなる実用化を期待させます。

　ところで **AI** の学習はどのように始めればいいのでしょうか？一般的には，大学で理論を学び，卒業研究でプログラミングを行い，企業で開発実践するという流れが挙げられます。ですが，**AI** に興味を抱くすべての人が，大学の講義で **AI** を学ぶとは限らず，卒業研究テーマも様々でしょう。そもそも，大学や専門学校で情報系以外を学んだ人にとって，学術論文や工学書に書かれた **AI** 理論を理解するには，前提知識の学習も含め，時間がかかるのではないかと思われます。しかし自己学習でプログラミングが好きになったり，企業に入ってからプログラミング経験を積むようになったりした人達も多いはずです。そこでは，数式群よりも具体的なプログラムの方が良い教材になるのかもしれません。

　AI の実践には，プログラミングが欠かせませんが，その技法は高度です。代表的なシステム開発分野である，組み込みプログラミングや Web アプリケーションなどと比較すると，**AI** は高度な学問の基盤の上に成り立ち，理論の数理的表現や複雑なアルゴリズムとデータ構造が登場します。数式はそのままプログラムに展開しにくいケースも多く，プログラムの実例が欲しいところです。**AI** のプログラムは基礎的な処理であっても複雑で長いものが多いようです。読者の方々で，具体的なアルゴリズムや基礎的なプログラムコードを探して，なかなか望みのものが見当たらなく時間を費やされた方もいるのではないでしょうか。

本書は，数理的表現中心の AI 本とは異なる傾向の本です。数式理解スタイルからプログラミング理解スタイルに切り替えて，基礎的なサンプルソースコードを中心に理解していく形態です。サンプルプログラムを用いた解説は，文系理系関係なく，仕事や勉強におけるまさにプログラミングする現場にとって，単刀直入に活用できる形だと思われます。その反面，数式表現された理論解説は省略してありますので，そのような学習が目的の場合は，学術論文や工学書を参考にしていただければ幸いです。本書の役目は，AI 実装の基礎となる具体的ソースコードによって，プログラミングノウハウをみなさんに提供することであり，プログラミングの実践力や実践経験のために本書を活用されることを期待します。

　本書の内容は，AI の古典的題材やパズルなどから，近年注目のディープラーニングの基礎まで，幅広い AI プログラミングの基礎を具体的にカバーします。プログラムソースの記述には Java を使用しており，本書を読むにあたり Java プログラミングの基礎的な部分は学習済みであることを想定しています。本書のプログラミングスタイルについては，Java8 から導入されたラムダ式を活用し，AI プログラミングらしい関数型スタイルを多く導入し，その一方で，機械学習などの配列処理が適している部分には，手続き型スタイルを用いています。そして，Java のオブジェクト指向スタイルは，本書の全般にわたって活用しており，機能の再利用や拡張をすることで，効率のよい学習に一役買っています。さらに JavaFX によるグラフィックス機能や，動きを滑らかにするマルチスレッディング処理，簡潔に記述できる並列演算なども用いて，バラエティに富んだ AI プログラミングを紹介しています。

　また，本書では AI プログラミングに相性の良い「簡易リスト処理ライブラリ」のソースを提供しています。これにより，関数型処理の記述が簡潔かつ柔軟になり，AI プログラミングの助けとなっています。そして，長くなりがちな AI プログラムを，なるべく短くなるように，簡潔さを重視しています。本書のプログラムは，完成度はあまり高いとは言えず，あくまでサンプルですが，読者の方々によって実用的あるいは高性能なものを目指して「自分のもの」にするための有効資源になればと思います。

2016 年 8 月　深井　裕二

目 次

第 1 章　再帰処理と副問題への分割 ……………… 9

1.1　再帰的プログラミング ……………………… 9
❑ 再帰処理とは ………………………………………… 9
❑ 再帰処理の過程 ……………………………………… 11
❑ 再帰処理のトレースプログラム ………………… 13

1.2　フラクタルカーブ …………………………… 15
❑ グラフィックス処理の基礎プログラム ………… 15
❑ コッホ曲線プログラム …………………………… 18
❑ ドラゴン曲線プログラム ………………………… 21
❑ シェルピンスキー曲線プログラム ……………… 23
❑ ツリー曲線プログラム …………………………… 26

1.3　ハノイの塔 ……………………………………… 29
❑ 目標と副問題への分割 …………………………… 29
❑ ハノイの塔プログラム …………………………… 31

第 2 章　解の探索とバックトラッキング ……… 40

2.1　N クイーン問題 ………………………………… 40
❑ 解の探索と状態空間 ……………………………… 40
❑ N クイーン問題プログラム ……………………… 41

2.2　騎士の巡回問題 ………………………………… 54
❑ ルート探索とバックトラッキング ……………… 54
❑ 騎士の巡回問題プログラム ……………………… 54

第 3 章　論理パズル …………………………………… 59

3.1　宣教師とモンスター …………………………… 59
❑ ルールと目標状態 ………………………………… 59
❑ 宣教師とモンスター問題プログラム …………… 61

3.2　農民と狼とヤギとキャベツ ………………… 71
❑ ルールと目標状態 ………………………………… 71
❑ 農民と狼とヤギとキャベツ問題プログラム …… 73

第 4 章　ゲーム木理論 ……………………………………… 77

4.1　ゼロサムゲーム ………………………………………77
- ❏　二人零和有限確定完全情報ゲーム ………………………… 77

4.2　TicTacToe ……………………………………………78
- ❏　ルールと勝敗 ………………………………………… 78
- ❏　TicTacToe 基本プログラム ……………………………… 79
- ❏　TicTacToe グラフィックスプログラム ……………………… 83

4.3　ミニマックス戦略 ………………………………………89
- ❏　最良の手を打つ戦略 …………………………………… 89
- ❏　TicTacToe ミニマックスプログラム ……………………… 91

4.4　アルファベータカット …………………………………95
- ❏　目的とアルゴリズム …………………………………… 95
- ❏　TicTacToe アルファベータカットプログラム ……………… 97

第 5 章　推論と知識ベース ……………………………… 100

5.1　推論エンジン …………………………………………100
- ❏　プロダクションシステムと推論エンジン ……………………… 100
- ❏　前向き推論と後ろ向き推論 ……………………………… 103

5.2　前向き推論 …………………………………………104
- ❏　前向き推論エンジンプログラム ………………………… 104
- ❏　前向き推論実行プログラム ……………………………… 113

5.3　後ろ向き推論 …………………………………………116
- ❏　後ろ向き推論エンジンプログラム ……………………… 116
- ❏　後ろ向き推論実行プログラム …………………………… 123

第 6 章　人工生命と NPC ……………………………… 127

6.1　ランダムな動き ………………………………………127
- ❏　移動方向と方向転換のランダム決定 ……………………… 127
- ❏　ランダム移動方向プログラム …………………………… 128
- ❏　ランダム方向転換プログラム …………………………… 133

6.2　Boid アルゴリズム ……………………………………135
- ❏　群れのルール ………………………………………… 135

❑　Boid プログラム ……………………………………………… 136

6.3　ノンプレイヤーキャラクタとゲームスレッド ……………… 139

❑　ゲームの構成 ………………………………………………… 139
❑　マップ構築プログラム ……………………………………… 141
❑　キャラクタ基本要素プログラム …………………………… 142
❑　プレイヤー生成プログラム ………………………………… 144
❑　NPC 生成プログラム ……………………………………… 146
❑　ゲームループとマルチスレッドプログラム …………… 147

第 7 章　自律行動と追跡 ……………………………… 154

7.1　パンくず拾い ……………………………………………… 154

❑　手掛かりを見つけて追跡する ……………………………… 154
❑　パンくず拾い探索エンジンプログラム …………………… 155
❑　パンくず拾い探索ゲームプログラム ……………………… 159

7.2　A*アルゴリズム …………………………………………… 162

❑　ターゲットまでの最適ルート ……………………………… 162
❑　A*アルゴリズム追跡エンジンプログラム ……………… 167
❑　A*アルゴリズム追跡ゲームプログラム ………………… 171

7.3　有限状態マシン …………………………………………… 175

❑　NPC の自律行動システム ………………………………… 175
❑　有限状態マシンプログラム ………………………………… 177
❑　有限状態マシンゲームプログラム ………………………… 179

第 8 章　機械学習とニューラルネットワーク ………… 184

8.1　ニューラルネットワーク ………………………………… 184

❑　ニューロンモデル …………………………………………… 184
❑　ロジスティック回帰と学習 ………………………………… 185
❑　ロジスティック回帰プログラム …………………………… 187
❑　ロジスティック回帰パターン認識プログラム ………… 190

8.2　多層パーセプトロン ……………………………………… 195

❑　線形分離不可能問題 ………………………………………… 195
❑　多層パーセプトロンとバックプロパゲーション ……… 196
❑　多層パーセプトロンプログラム …………………………… 197
❑　多層パーセプトロン実行プログラム ……………………… 202

viii

第 9 章　ディープラーニングの基礎 ······················ 207

9.1　深層学習の準備 ···207

❏　ディープラーニング ··· 207
❏　手書き文字データ読み込みプログラム ······················ 208
❏　可視化プログラム ·· 212

9.2　オートエンコーダ ···217

❏　オートエンコーダの機能と構造 ································· 217
❏　オートエンコーダプログラム ···································· 219
❏　オートエンコーダ実行プログラム ····························· 222

9.3　デノイジングオートエンコーダと並列演算 ···········226

❏　デノイジングオートエンコーダプログラム ················· 226
❏　デノイジングオートエンコーダ実行プログラム ··········· 228
❏　デノイジングオートエンコーダ並列演算プログラム ······ 233

9.4　ディープニューラルネットワーク ·······················239

❏　多層デノイジングオートエンコーダの構成 ················· 239
❏　多層デノイジングオートエンコーダプログラム ··········· 240
❏　手書き文字認識のディープラーニングプログラム ········· 245

第 10 章　Java 環境の導入 ······························· 249

10.1　Java 開発環境とプログラム作成 ························249

❏　Java の関数型スタイル ·· 249
❏　Eclipse の導入 ··· 250
❏　プロジェクトとパッケージの作成 ····························· 250
❏　Hello プログラムの作成 ··· 253

10.2　リスト処理ライブラリ ··256

❏　AI 処理に適したデータ構造 ······································ 256
❏　コンスセルによるリスト処理ライブラリ ···················· 257

10.3　本書のソースコード入手先 ·································271

索 引 ··· 272

第1章 再帰処理と副問題への分割

1.1 再帰的プログラミング

❑ 再帰処理とは

　人工知能（Artificial Intelligence, AI）プログラミングの基礎技法でもある再帰処理について，しくみを理解しておきましょう。再帰処理は，自分自身を呼び出して処理する関数（再帰関数）によるプログラミング技法です。再帰処理によって複雑な処理をシンプルに記述できるケースがあり，AI分野ではよく使われることがあります。再帰処理は一種の繰り返し処理（ループ処理）です。処理対象の中には手続き型のループ処理では複雑化して困難なものがありますが，そのような場合，関数型の再帰処理の方がむしろ簡潔に記述できることがあります。

　再帰処理が適用できる簡単な例を見てみましょう。例えば階乗計算は一般に次のような式で表されます。

```
n! = n(n-1)!
n! = n(n-1)(n-2) … 1
5! = 5 × 4 × 3 × 2 × 1 = 120
```

　また，階乗を次のような数学関数として定義することもできます。f(x)の定義内容は，x=1なら1を返しx>1ならx·f(x-1)を返すものです。

$$f(x) = \begin{cases} 1, & x = 1 \\ x \cdot f(x-1), & x > 1 \end{cases}$$

　これに対し，再帰呼び出しによって階乗を求めるプログラムは次のようになり

10   第 1 章 再帰処理と副問題への分割

ます。fact メソッドは数学の関数定義と構造がよく似ています。

```
int fact(int x) {              // 階乗を求める再帰メソッド
  if (x == 1) return 1;        // 1 の階乗は 1
  else return x * fact(x - 1); // x の階乗は x * (x-1)!
}
```

fact メソッドに引数を与えて実行してみると，次のような結果が得られます。

```
fact(1) => 1
fact(2) => 2
fact(3) => 6
fact(4) => 24
fact(5) => 120
```

　手続き型のループ処理（while や for を使った繰り返し構造）と再帰処理が大きく異なる点は，ループ処理は単純に同じ演算処理をプログラムのジャンプ構造を使って繰り返していきますが，再帰処理は関数呼び出しのしくみを使って繰り返します。

　単純なジャンプに対し関数呼び出しはやや複雑な内部処理を行います。ジャンプはプログラムの実行位置を移動させるだけで，演算に使用している変数は同じものを使っています。一方，関数呼び出しでは変数は新しいものがその都度用意されます。一見，同じものを使う方が効率的で新たなものを毎回用意するのは無駄な感じがしますが，関数が新たな変数つまり新たな作業環境を用意することが不規則で複雑な処理にも対応できる重要な仕組みとなります。

　再帰関数（再帰メソッド）の fact は自分自身を呼び出し，fact(5)で呼び出すと内部で fact(4)をさらに呼び出します。つまり，解くべき問題 fact(5)は副問題 fact(4)を解きその結果を使用するわけです。このときさらに fact(3)，fact(2)というように呼び出していき，最終的に fact(1)までいくと 1 を返します。これは数学の階乗関数定義と同じです。

　再帰関数では，延々と再帰呼び出しするとスタックオーバーフローが発生し，

異常停止するため，何らかの停止条件が必要となります。今回はif (x == 1)が停止条件にあたります。xが1の場合は，それ以上再帰呼び出しをせずに，単純に値を返しています。

❏ 再帰処理の過程

図1-1は，factメソッドの再帰呼び出し過程です。最初の呼び出しからスタートして，①②③④の順序でfactメソッドが再帰呼び出しされ，⑤⑥⑦⑧の順序で各結果が戻されます。詳しく見てみると，図1-2のように演算が行われます。

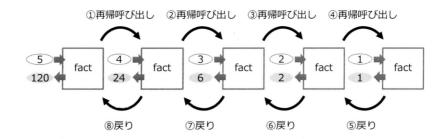

図1-1 再帰関数が自分自身を再帰呼び出しする過程

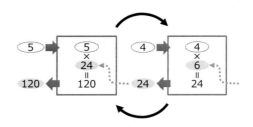

図1-2 再帰呼び出し結果を使い自分の結果を作る

まず自分への引数5を保留にしておき，次の再帰呼び出しで得た戻り値24を掛け合わせて自分の戻り値120を返します。ちょうど仕事を下請けに依頼し，結果を待って作業を再開するような感じです。

12　第 1 章　再帰処理と副問題への分割

　このように演算を保留にして他の処理をするために，スタックと呼ばれる記憶メカニズムを利用します。図 **1-3** は階乗計算の再帰関数における呼び出し時のスタック状態を，また，図 **1-4** は戻り時のスタック状態を表したものです。

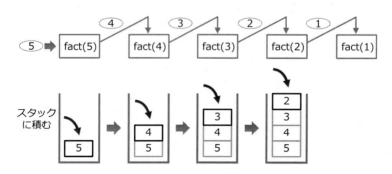

図 1-3　再帰呼び出し時のスタック状態

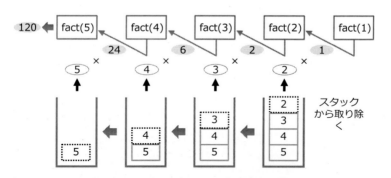

図 1-4　再帰関数の戻り時のスタック状態

　再帰呼び出し時では，演算を保留にするために自分が呼ばれたときの引数 5 をスタックに置き，次の呼び出しで渡す引数 4 はスタックの上に積むことで前の引数を保留状態にします。
　そして戻り時では，`fact(1)`から戻り値 1 が戻されたとき，スタックに保存しておいた引数 2 を取り出して 2×1=2 を計算して `fact(2)`の戻り値とします。これを最初の呼び出しまで続けます。

❏ 再帰処理のトレースプログラム

リスト **1-1** は再帰関数呼び出しを追跡表示（トレース）するプログラムです。実行結果では，再帰レベル（再帰呼び出しの深さ）に応じてインデント（字下げ）して表示され，再帰呼び出しの過程を時系列で見ることができます。

リスト 1-1　RecursiveCallApp.java　再帰関数のトレースプログラム

```java
package ex01;

import App.java.util.function.Supplier;

// 再帰呼び出しクラス
public class RecursiveCallApp {
  int level = 0;       // 再帰レベル

  // 再帰呼び出し過程を追跡出力するメソッド
  <T> T trace(String fname, String[] args, Supplier<T> fun) {
    String s = new String(new char[level]).replace("¥0", "- ") +
                  level + ": " + fname;
    System.out.println(s + " (" + String.join(",", args) + ")");
    level++;
    T ret = fun.get();
    level--;
    System.out.println(s + " =" + ret);
    return ret;
  }

  int fact(int x) {                      // 階乗を求める再帰メソッド
    return trace("fact", new String[] { ""+x }, ( ) -> {
      if (x == 1) return 1;            // 1 の階乗は 1
      else return x * fact(x - 1);     // x の階乗は x * (x-1)!
    });
  }

  public static void main(String[] args) {
    RecursiveCallApp app = new RecursiveCallApp();
    System.out.println("階乗=" + app.fact(5));
  }
}
```

```
実行結果
0: fact (5)           … 再帰レベル0, 引数(5)
- 1: fact (4)         … 再帰レベル1, 引数(4)
- - 2: fact (3)       … 再帰レベル2, 引数(3)
- - - 3: fact (2)     … 再帰レベル3, 引数(2)
- - - - 4: fact (1)   … 再帰レベル4, 引数(1)
- - - - 4: fact =1    … 再帰レベル4, 戻り値=1
- - - 3: fact =2      … 再帰レベル3, 戻り値=2
- - 2: fact =6        … 再帰レベル2, 戻り値=6
- 1: fact =24         … 再帰レベル1, 戻り値=24
0: fact =120          … 再帰レベル0, 戻り値=120
階乗=120
```

trace メソッドは，トレース対象の関数名を文字列で第 1 引数に，関数引数を文字列配列にして第 2 引数に，再帰関数の処理本体を第 3 引数に与えます。再帰関数の処理本体は，図 1-5 のように，()->{ } というラムダ式の形式を使い，{ } 内に処理本体を記述します。ラムダ式は，処理内容を値としてやり取りする機能として，関数型プログラミングスタイルに欠かせません。ラムダ式を引数に渡す場合は，引数に関数型インタフェースを使います。「Supplier<T> fun」は，関数型インタフェース Supplier による引数 fun の宣言です。Supplier 型の引数に与えるラムダ式は，引数がなく値を返す形式のものとなります。与えられたラムダ式は get メソッドの呼び出し fun.get() で実行します。

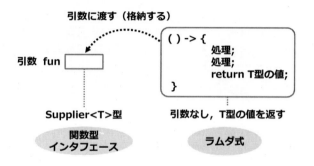

図 1-5　関数型プログラミングスタイルのためのラムダ式と関数型インタフェース

ここで使われている<T>は型パラメータであり，まだ決まっていない型を意味します。trace を呼び出す側で，引数 fun に実際に与えられた再帰関数の処理本体の結果の型が T の実際の型となります。この場合 fact の処理本体の結果の値（if else での return 値）は int 型なので T は int となり，これにより，すべての T は int に置き換えられます。なお，fact 側の「return trace(…)」では，{ } 内の再帰処理結果を中継するようにそのまま返しているので，fact の再帰処理に支障なくトレース処理を行います。

1.2 フラクタルカーブ

❑ グラフィックス処理の基礎プログラム

フラクタルカーブ（曲線）は自己相似形の図形であり，再帰処理の代表例です。自己相似形とは，例えば，自然界の木の構造は枝に葉がついていますが，図 1-6 のように，枝はさらに枝に分かれて同様の構造を繰り返す場合が見られます。このように全体と部分が同様の構造，つまり相似形になっている状態のことです。

図 1-6　自己相似形

まず，曲線描画の準備として，リスト 1-2 のプログラムを用意します。これは，JavaFX のグラフィックス機能を用いて，ウィンドウ表示や長さと角度によって線を描いていく線描画機能を実装します。そして後で出てくる様々なフラクタルカーブのプログラムは，このプログラムの機能をベースとして利用します。

16 第 1 章 再帰処理と副問題への分割

リスト 1-2　CurveApp.java　曲線描画のグラフィックス基本プログラム

```java
package ex01;

import javafx.application.Application;
import javafx.stage.*;
import javafx.scene.*;
import javafx.scene.layout.StackPane;
import javafx.scene.canvas.*;
import javafx.scene.transform.Affine;

// グラフィックスウィンドウアプリケーションクラス
public class CurveApp extends Application {
  float scale = 1;                       // 描画倍率

  // JavaFXでは main メソッドなしで実行できるが，Eclipseの実行ボタンで簡単に実行
  // できるように main メソッドは記述しておく
  public static void main(String[] args) {
    launch(args);                        // JavaFXアプリケーションスレッド起動
  }

  public void start(Stage stage) {    // 開始処理（開始時に自動的に呼ばれる）
    StackPane pane = new StackPane();
    Canvas canvas = new Canvas(600*scale, 600*scale); // 描画キャンバス
    pane.getChildren().add(canvas);
    stage.setScene(new Scene(pane));
    stage.show();
    Curve.g = canvas.getGraphicsContext2D();     // 描画コンテキストを取得
    Curve.g.setTransform(new Affine(scale, 0, 0, 0, scale, 0));
                                           // scaleで描画倍率設定
    run();                                 // 描画処理の呼び出し
  }

  void run() {                            // 描画処理
    Curve c = new Curve();                // 曲線オブジェクトの生成
    c.move(50, 300);                      // 開始点の設定
    c.draw(500, 0);                       // 長さと角度を与えて描画してみる
  }
}

// 曲線描画の基礎クラス
```

```
class Curve {
  static GraphicsContext g;        // 描画コンテキストをCurve側に作成しておく
  double lastX = 0.0, lastY = 0.0;// 現在位置

  void move(double x, double y) { // 現在位置の移動
    lastX = x;
    lastY = y;
  }

  // 長さと角度で現在位置から線を描画
  void forward(double len, double angle) {
    double x = lastX + len * Math.cos(angle);
    double y = lastY + len * Math.sin(angle);
    g.strokeLine(lastX, lastY, x, y);        // 線を引いて
    move(x, y);                              // 現在位置を更新
  }

  void draw(double len, double angle) {      // 描画処理
    forward(len, angle);                     // ここでは前進描画するだけ
  }
}
```

　JavaFX のグラフィックスウィンドウは Application クラスから extends で派生させたクラスを作り，その中に start メソッドを用意して初期化処理を行います。start はオーバーライドによって，JavaFX のシステム側から自動的に呼ばれます。描画処理では，描画コンテキストである GraphicsContext オブジェクトに対して描画を行います。今回は，再帰関数をシンプルにするために，描画コンテキストを Curve クラスの static 変数 g に格納して使いやすくしています。

　リスト 1-2 を実行すると，単純な線が描かれるだけですが，グラフィックスの基盤となる処理と，再帰的に描画するための処理が実装されています。Curve クラスの forward メソッドは，図 1-7 のように長さ len と角度 angle によって線を描く基礎機能です。この Curve クラスをもとにオブジェクト指向の派生（継承）機能を活用して，よりコンパクトなプログラムを作成していきます。

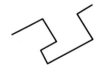

図1-7　線描画のしくみ

❏ コッホ曲線プログラム

　図 1-8 とリスト 1-3 は，コッホ曲線を描くプログラムの実行結果とリストです。コッホ曲線は 4 本の線による基本構造を持ち，自己相似形になっています。

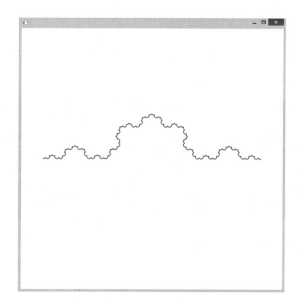

図1-8　コッホ曲線プログラムの実行結果

リスト1-3　KochApp.java　コッホ曲線プログラム

```java
package ex01;

// グラフィックスウィンドウアプリケーションクラス
public class KochApp extends CurveApp {        // CurveAppクラスを継承
  public static void main(String[] args) {
    launch(args);                              // JavaFXアプリケーションスレッド起動
  }

  void run() {                                 // runをカスタマイズする
    Koch c = new Koch();                       // コッホ曲線オブジェクトの生成
    c.move(50, 300);                           // 開始位置の設定
    c.draw(5, 500, 0);                         // 再帰レベル，長さ，角度を与えて描画
  }
}

// コッホ曲線クラス
class Koch extends Curve {                              // Curveクラスを継承
  void draw(int n, double len, double angle) {      // 描画処理
    if (n == 1) {                              // n=1なら線を一本描く（長さと角度で）
      forward(len, angle);
    } else {                                   // n>1なら4回再帰呼び出しで描く
      double l = len / (2 / Math.sqrt(2.0) + 2);  // 長さの縮小
      double a = Math.PI  * 0.25;
      draw(n-1, l, angle);                     // 再帰描画（直進）
      draw(n-1, l, angle-a);                   // 再帰描画（-a回転）
      draw(n-1, l, angle+a);                   // 再帰描画（+a回転）
      draw(n-1, l, angle);                     // 再帰描画（直進）
    }
  }
}
```

　図1-9のように，KochApp クラスは CurveApp クラスを継承し，ウィンドウ作成などのグラフィックス初期化処理を受け継ぎます。Koch クラスも Curve クラスを継承し，move や forward メソッドの機能を受け継いでいます。また，draw メソッドは，オーバーライドにより再定義し，コッホ曲線独自の処理内容に置き

換えてあります。これらのオブジェクト指向の機能活用によって，基本プログラムとの差異部分のみのシンプルな実装となります。

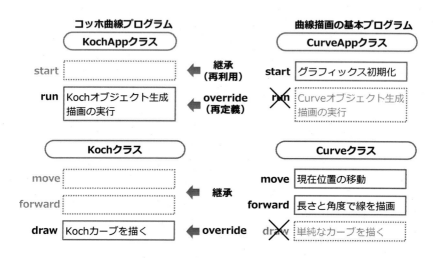

図 1-9　オブジェクト指向の派生クラスによる実装

コッホ曲線は，次の再帰呼び出し部分によって構成され，図 **1-10** のように①〜④の 4 本の線パターンを用い，各線がさらに 4 本線で再帰的に構成されます。この自己相似形は再帰レベル n に応じて繰り返されます。

```
draw(n-1, l, angle);        // ①再帰描画（直進）
draw(n-1, l, angle-a);      // ②再帰描画（-a回転）
draw(n-1, l, angle+a);      // ③再帰描画（+a回転）
draw(n-1, l, angle);        // ④再帰描画（直進）
```

図 1-10　コッホ曲線の自己相似形構造

❏ ドラゴン曲線プログラム

図 1-11 とリスト 1-4 は，ドラゴン曲線を描くプログラムの実行結果とリストです。ドラゴン曲線は 2 本の線による基本構造の自己相似形になっています。

図 1-11　ドラゴン曲線プログラムの実行結果

リスト 1-4　DragonApp.java　ドラゴン曲線プログラム

```
package ex01;

// グラフィックスウィンドウアプリケーションクラス
public class DragonApp extends CurveApp {        // CurveAppクラスを継承
  public static void main(String[] args) {
    launch(args);                                // JavaFXアプリケーションスレッド起動
  }

  void run() {                    // runをカスタマイズする
    Dragon c = new Dragon();      // ドラゴン曲線オブジェクトの生成
    c.move(150, 300);             // 開始位置の設定
    c.draw(13, 300, 0, 1);        // 再帰レベル, 長さ, 角度, スイッチを与えて描画
  }
```

```
}

// ドラゴン曲線クラス
class Dragon extends Curve {              // Curveクラスを継承
  void draw(int n, double len, double angle, int sw) {   // 描画処理
    if (n == 1) {                         // n=1なら線を一本描く(長さと角度で)
      forward(len, angle);
    } else {                              // n>1なら2回再帰呼び出しで描く
      double l = len / (2 / Math.sqrt(2.0));    // 長さの縮小
      double a = Math.PI * 0.25 * sw;     // 角度の計算(swで+-反転)
      draw(n-1, l, angle-a, 1);           // 再帰描画(-a回転)
      draw(n-1, l, angle+a, -1);          // 再帰描画(+a回転, sw反転)
    }
  }
}
```

ドラゴン曲線は，次の再帰呼び出し部分によって構成され，図 1-12 のように①,②の2本の線パターンを用い，各線がさらに2本線で再帰的に構成されます。図の n=2 における①の角度は「基準角 -a°」ですが，n=3 では「①の角度 -a°」となります。つまり基準角が一つ前の再帰レベルの角度になっています。

また，②の部分は再帰呼び出しするたびにスイッチ変数 sw を反転させます。これによって角度の+-が反転し -a° +a° → +a° -a° というように再帰レベルが増すたびにスイッチしていきます。sw によって，2本の線を構成する際に1本目の曲がる向きと2本目の曲がる向きを逆にするわけです。

```
    draw(n-1, l, angle-a, 1);       // ①再帰描画(-a回転)
    draw(n-1, l, angle+a, -1);      // ②再帰描画(+a回転, sw反転)
```

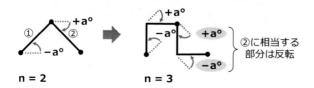

図 1-12　ドラゴン曲線の自己相似形構造

この曲線の考え方として，図 1-13 のような例があります。これは紙を 2 つ折りにしていき，その後 90°に開いていくとドラゴン曲線の形になっているというもので，折っていくことが自己相似形の構築に相当すると考えられます。

紙を 2 つに折ることは 1 つの要素を 2 本の線で表すことに対応し，その状態の紙をさらに 2 つに折ると，2 本の線がそれぞれさらに 2 本になり，計 4 本の線になるわけです。このとき折る向きは対称形ではなく逆になり，これが 2 本目の線の向きを反転させる sw の働きに対応しています。

ドラゴン曲線描画を頭の中でシミュレートしてみると，せいぜい n=3 くらいの再帰レベルがいいところで，それ以上は難しくなっていきます。再帰処理は，状態の記憶を蓄積しながら処理するので，再帰レベルが増すたびに記憶すべき状態が増していき，人の頭で考えるには大変な処理になります。

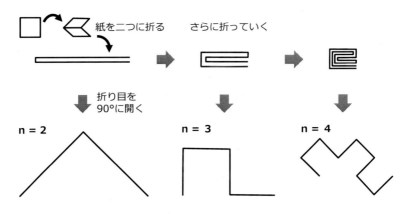

図 1-13　ドラゴン曲線の考え方の例

❏ シェルピンスキー曲線プログラム

図 1-14 とリスト 1-5 は，シェルピンスキー曲線を描くプログラムの実行結果とリストです。シェルピンスキー曲線における自己相似形の基本構造は三角形であり，三角形の内部がさらに三角形で構成されるような自己相似形です。

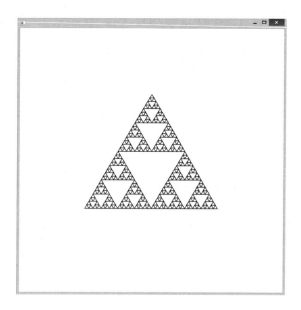

図 1-14　シェルピンスキー曲線プログラムの実行結果

リスト 1-5　SierpinskiApp.java　シェルピンスキー曲線プログラム

```
package ex01;

// グラフィックスウィンドウアプリケーションクラス
public class SierpinskiApp extends CurveApp { // CurveAppクラスを継承
  public static void main(String[] args) {
    launch(args);                    // JavaFXアプリケーションスレッド起動
  }

  void run() {                       // runをカスタマイズする
    Sierpinski c = new Sierpinski(); // シェルピンスキーオブジェクトの生成
    c.draw(6, 300, 300, 150);        //再帰レベル,開始位置,長さを与えて描画
  }
}

// シェルピンスキー曲線クラス
class Sierpinski extends Curve {                      // Curveを継承
  void draw(int n, double len, double x, double y) {  // 描画処理
    double l = len / 2;
    double x1 = x - l;
```

```
      double x2 = x + l;
      double y1 = y + l * Math.sqrt(3);
      if (n == 1) {                    // n=1なら線を3本使って三角形を描く
        g.strokeLine(x, y, x1, y1);
        g.strokeLine(x1, y1, x2, y1);
        g.strokeLine(x2, y1, x, y);
      } else {                         // n>1なら3角形三つを再帰呼び出しで描く
        double l2 = l / 2;             // 長さの縮小
        draw(n-1, l, x, y);                             // 上の三角形
        draw(n-1, l, x - l2, y + l2 * Math.sqrt(3));    // 左下の三角形
        draw(n-1, l, x + l2, y + l2 * Math.sqrt(3));    // 右下の三角形
      }
    }
  }
```

シェルピンスキー曲線は図 1-15 のように①〜③の 3 つの三角形から成るパターンを用い，各三角形内がさらに再帰的に 3 つの三角形で構成されていきます。

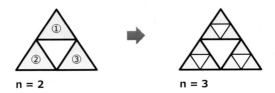

図 1-15　シェルピンスキー曲線の自己相似形構造

　draw メソッドの引数には再帰レベル n，三角形の長さ（サイズ）len，三角形の上部頂点座標 x，y を与えます。再帰レベル n が 1 のときは三角形を描画します。これには直線を描く strokeLine メソッドを 3 回使用して描いており，正三角形の辺の比 1:2:√3 という知識を使い，基準座標 x，y から x1，y1 および x2，y1 を求め，これら 3 点間にそれぞれ直線を描きます。

　再帰レベル n が 1 より大きい場合は，次のように三角形の①〜③の各頂点（三角形の上部頂点）座標を与えて draw を再帰的に呼び出します。このとき引数 len を半分にした l2 を用いて下部 2 つの三角形の上部頂点を求めます。

```
    draw(n-1, 1, x, y);                           // ①再帰(上の三角形)
    draw(n-1, 1, x - 12, y + 12 * Math.sqrt(3));  // ②再帰(左下の三角形)
    draw(n-1, 1, x + 12, y + 12 * Math.sqrt(3));  // ③再帰(右下の三角形)
```

❏ ツリー曲線プログラム

　図 1-16 とリスト 1-6 は，木を模倣したツリー曲線を描くプログラムの実行結果とリストです．木の枝部分が自己相似形になっています．

図 1-16　ツリー曲線プログラムの実行結果

リスト 1-6　TreeApp.java　ツリー曲線プログラム

```
package ex01;

// グラフィックスウィンドウアプリケーションクラス
public class TreeApp extends CurveApp {        // CurveAppクラスを継承
  public static void main(String[] args) {
```

```
      launch(args);                      // JavaFXアプリケーションスレッド起動
  }

  void run() {                           // runをカスタマイズする
    Tree c = new Tree();                 // ツリー曲線オブジェクトの生成
    c.move(300, 600);                    // 開始位置の設定
    c.draw(7, 450, Math.PI * -0.5, 1); // 再帰レベル, 長さ, 角度を与えて描画
  }
}


// ツリー曲線クラス
class Tree extends Curve {                // Curveクラスを継承
  void draw(int n, double len, double angle, int sw) {    // 描画処理
    double x = lastX;
    double y = lastY;
    if (n == 1) {                        // n=1なら線を一本描く(長さと角度で)
      forward(len, angle);
    } else {                             // n>1なら3回再帰呼び出しで描く
      double l = len / (2/Math.sqrt(2.0)); // 長さの縮小
      double a = Math.PI * 0.15 * sw;      // 角度の計算(swで+-反転)

      forward(l*0.33, angle);            // 直進で線を描く
      draw(n-1, l*0.8, angle-a, 1);      // 再帰描画(-a回転)

      forward(l*0.33, angle);            // 直進で線を描く
      draw(n-1, l*0.7, angle+a*1.5, -1); // 再帰描画(-a回転, sw反転)

      forward(l*0.33, angle);            // 直進で線を描く
      draw(n-1, l*0.6, angle, 1);        // 再帰描画(回転なし)
    }
    lastX = x;
    lastY = y;
  }
}
```

draw メソッドの引数には再帰レベル n, 直線の長さ len, 直線の基準 angle, そして向きを反転描画するフラグの sw を与えます。

再帰レベル n が 1 のときは直線 1 本を描画します。n が 1 より大きい場合は,

次のように枝の構造を直線と再帰描画で構成します。枝の構成要素①〜③，①'〜③'の処理は図 1-17 のような自己相似形の基本構造となります。なお②'の部分は sw によって反転描画しています。再帰レベルが増すと，点線部の枝①'②'③'が自己相似形となります。

これらの描画処理では長さと角度を適当な倍数によって計算していますが，その値を調整すると木の形が変化します。

```
forward(l*0.33, angle);              // ①直進で線を描く
draw(n-1, l*0.8, angle-a, 1);        // ①'再帰描画(左回転)

forward(l*0.33, angle)               // ②直進で線を描く
draw(n-1, l*0.7, angle+a*1.5, -1);   // ②'再帰描画(右回転, sw反転)

forward(l*0.33, angle);              // ③直進で線を描く
draw(n-1, l*0.6, angle, 1);          // ③'再帰描画(直進)
```

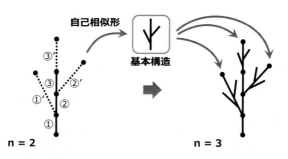

図 1-17　ツリー曲線の自己相似形構造

1.3 ハノイの塔

❏ 目標と副問題への分割

再帰処理では，副問題を解くことで問題全体を解決します。これを意識してハノイの塔というパズルを解いてみましょう。

ハノイの塔は図 1-18 のようにサイズの異なる円盤を目標の場所に移動させるものです。円盤の移動できる場所は 3 つの支柱で表します。ルールとして，移動は一枚ずつ行います。その際にどの支柱に移動させてもよく，またすでに円盤が置いてある支柱に移動させても構いません。ただし，大きい円盤をそれより小さい円盤の上に乗せてはいけません。この制約を守り，目標状態の支柱へ正しい大きさの順番になるよう移動させる手順を求めるのがこの問題です。

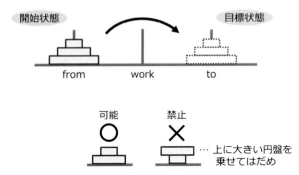

図 1-18　ハノイの塔の目標とルール

図 1-19 はルールに従って目標状態まで移動させる過程です。円盤枚数が増えていくと手順の数も次のように指数関数的に増加します。

```
3 枚 7 回，　4 枚 15 回，　5 枚 31 回，
          …, 10 枚 1023 回，　11 枚 2047 回，…
```

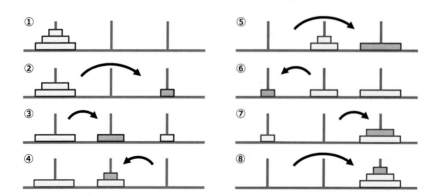

図 1-19　ハノイの塔の移動過程

　移動手順を考えるために，小規模な問題から基本手順を求めます。そこで，図 1-20 のように最下部の円盤 1 枚に対しその上の全部を 1 枚とみなし，計 2 枚として扱い，上の 1 枚にあたる複数の円盤は後で再帰的に処理します。

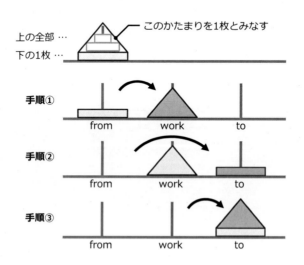

図 1-20　円盤の基本移動手順

2枚の移動手順は手順①〜③に従って、移動元（from）と移動先（to）がどこであるかに関わらず、①from→work、②from→to、③work→to の手順で移動します。fromの位置が左から1番目でも2番目でも構いません。

まとめると、2枚の移動手順を最小単位の問題とします。そして3枚であれば1+2枚を1+ひとかたまり＝2枚とみなして、ひとかたまりの部分を副問題として解きます。こうして円盤枚数が何枚であっても、同じ処理内容で解決できるように再帰処理を使います。

この手順の中で移動はすべて再帰関数に任せ、再帰関数へは from, to, work がどこであるかを伝えます。再帰関数は伝えられた位置間の移動を行いますが、円盤が複数枚の場合は、図1-21のようにさらに再帰呼び出しに委ねます。

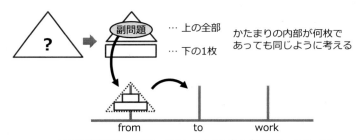

図1-21　副問題への同じアルゴリズムの適用

❏ ハノイの塔プログラム

リスト1-7はハノイの塔の問題解決プログラムです。なお、このプログラムでは、第10章のリスト処理ライブラリ「Cons.java」を用い、インポート命令「import my.Cons」によって Cons クラスを参照します。以降のほかのプログラムにおいても、同じインポート命令のあるものは、このライブラリを必要とします。リスト処理ライブラリは、AI向きのリストデータ構造であるコンスセル（cons cell）を実装したものであり、ツリー型リスト構造の構築が容易です。これによって、複雑なAIデータ処理を簡潔かつ柔軟に行うことができます。

32   第 1 章 再帰処理と副問題への分割

リスト 1-7　TowersOfHanoiApp.java　ハノイの塔プログラム

```java
package ex01;

import my.Cons;                    // リスト処理ライブラリConsクラスの参照

// ハノイの塔クラス
class TowersOfHanoi {
  int n;          // n: 円盤の数

  void hanoi(int m, int from, int to, int work, Cons[] tower) {
    if (m == 1) {                          // 移動対象が1枚なら,
      tower[to] = new Cons(tower[from].head, tower[to]);
                                           // from から to へ 1枚移動
      tower[from] = tower[from].tail;      // from から移動したぶん減らす
      System.out.println(disp(Cons.fromArray(tower)
                         .map((Cons x) -> x.reverse()))));
    } else {                        // 移動対象が複数枚なら, 副問題を解く
      hanoi(m-1, from, work, to, tower);   // from から work へ移動
      hanoi(1, from, to, work, tower);     // from から to へ移動
      hanoi(m-1, work, to, from, tower);   // work から to へ移動
    }
  }

  String rep(String s, int n) {          // 文字列をn回繰り返す
    return new String(new char[n]).replace("\0", s);
  }

  String disp(Cons s) {                  // 状態表示
    if (s.forall(x -> x == Cons.Nil)) {
      return rep("─", n * 2 * 3) + "\n";
    } else {
      return disp(s.map((Cons x) -> (x == Cons.Nil) ?
        Cons.Nil : x.tail)) + "\n" +
          s.map((Cons x) -> (x == Cons.Nil) ? 0 : x.head)
            .map((Integer x) -> rep(" ", n - x) + rep("■■", x)
              + rep(" ", n - x)).mkString("");
    }
  }

  void start(int n) {       // ハノイの塔を作成・開始
```

1.3 ハノイの塔　33

```java
      this.n = n;
      Cons[] tower = new Cons[] {
                           Cons.range(1, n+1), Cons.Nil, Cons.Nil };
      hanoi(n, 0, 2, 1, tower);          // n枚, from=0, to=2, work=1 で実行
  }
}

// アプリケーション起動クラス
public class TowersOfHanoiApp {
  public static void main(String[] args) {
    new TowersOfHanoi().start(4);    // 枚数を設定してハノイの塔を作成・開始
  }
}
```

実行結果

        :
（途中省略）
        :

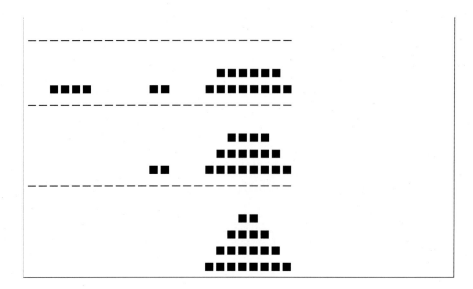

まず先に，本プログラムで使用している Cons クラスの基本機能について取り上げておきましょう。Cons のコンストラクタは次のようにリストを生成します。

コンストラクタ（Cons クラス）
```
Cons a = new Cons(1)                              => (1)
Cons b = new Cons(2, a)                           => (2, 1)
Cons c = new Cons(1, new Cons(2, new Cons(3)))    => (1, 2, 3)
```

引数1個のコンストラクタは，引数を要素とする長さ1のリストを生成します。また，引数2個のコンストラクタは，第2引数のリスト先頭に第1引数を追加したリストを新たに生成します。Cons リストの性質について，Cons クラスのメソッドは，すべてイミュータブル（immutable，変更不能）です。要素の値を変更できる配列とは異なり，リストは要素の値を変更できません。これは，副作用のない関数型言語の性質と同じであり，再帰処理や AI プログラミングでは，手続き型よりも関数型スタイルのほうが簡潔かつ柔軟に記述できますので，Cons データを用いて副作用のない関数型スタイルで記述していきます。

リストを生成する別の方法として，static メソッドの of, range があります。of は任意の値で初期化したリストを，range は連続数値のリストを生成します。

> **of, range メソッド（Cons クラス）**
> ```
> Cons a = Cons.of(1, 2, 3)     => (1, 2, 3)          … 任意の初期値
> Cons b = Cons.range(0, 5)     => (0, 1, 2, 3, 4)    … 連番生成
> ```

リスト要素を参照するには，変数 head，tail を使います。head はリストの先頭要素を，tail はリストの第 2 要素以降のリストを参照します。これらの変数は，参照が目的であり，変数への別の値の代入はせず，関数型スタイルによって，あくまでイミュータブルに扱います。

> **head, tail 変数（Cons クラス）**
> ```
> a          => (1, 2, 3)     … 変数 a の内容が(1, 2, 3)のとき
> a.head     => 1             … head は Object 型
> a.tail     => (2, 3)        … tail は Cons 型
> ```

Cons.Nil は空リスト()を値として持ちます。あるリストが空リストかどうか調べるのに Cons.Nil と比較するときなどに使用します。

> **Nil 変数（Cons クラス）**
> ```
> Cons.Nil                    => ()        … 空リスト
> a                           => (1, 2, 3)
> a.tail.tail.tail == Cons.Nil => true     … 空リストかどうか？
> ```

また，他のコレクションデータからリストを生成する手段として，Object 配列からリストに変換する fromArray メソッドがあります。同様に，ArrayList 等や Stream からリストに変換する fromList，fromStream が用意してあります。

> **fromArray メソッド（Cons クラス）**
> ```
> Integer[] x = { 1, 2, 3, }
> Cons.fromArray(x)           => (1, 2, 3)     … 配列からリストに変換
> ```

ハノイの塔のプログラムでは，まず new TowersOfHanoi.start(4) で円盤 4 枚のハノイの塔オブジェクトを初期化します。再帰関数 hanoi の引数には，移動対象の円盤枚数 m と移動位置の from, to, work を与え，移動位置は左から 0,1,2 の番号で表します。最後の引数 tower は 3 つの支柱にある円盤の現在の状態を表す配列であり，円盤 4 枚なら初期状態で次のような記述と同じです。

```
Cons[] tower = new Cons[] { Cons.range(1, 5), Cons.Nil, Cons.Nil }
                    … 左 4 枚(1,2,3,4), 中 0 枚(), 右 0 枚()
```

tower のデータ構造は，図 1-22 のように簡潔な処理にするために配列とリストを使い分けています。支柱は配列（Cons[]）を用いて tower[from] でアクセスします。配列では添え字による要素の参照と書き換えが簡単にできるので，この場合はリストよりも高速です。各支柱の円盤はリスト（Cons）を使用します。先頭の円盤を取り除き別のリストの先頭に追加するといった処理が，リストの長さ（円盤の枚数）に関わらず高速にできます。もし円盤を配列で表すと，データ操作に処理時間がかかります。

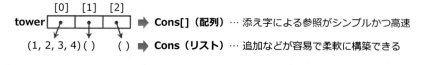

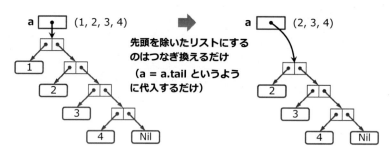

図 1-22　円盤の状態を表すデータ構造

円盤枚数 m が 1 のときは，1 枚の移動手順に従い，from の先頭（最上部を意味
する）から抜き取って to の先頭に加えます。また，m が 1 以外ならば，次の処理
にあるように，手順①〜③を適用して 3 つの移動処理を再帰呼び出しで行います。
手順①と③では，m-1 として最下部の 1 枚を除き円盤枚数を 1 減らしています。
これが上に乗ったかたまりに対する副問題化です。

```
hanoi(m-1, from, work, to, tower);   // 手順①  fromから workへ移動
hanoi(1, from, to, work, tower);     // 手順②  fromから toへ移動
hanoi(m-1, work, to, from, tower);   // 手順③  workから toへ移動
```

　円盤の移動状態を表示するために，表示処理用の disp メソッドを呼び出しま
す。このとき Cons.fromArray(tower)によって，disp が処理できるリスト型に
変換します。ただし，disp も再帰処理を行うため，各支柱の円盤リストを逆順に
してから disp に渡しています。map メソッドは 3 つの円盤リストをそれぞれ逆順
にするための繰り返し構造です。

```
System.out.println(disp(Cons.fromArray(tower)
                  .map((Cons x) -> x.reverse())));
```

　Cons クラスの reverse，map メソッドについて，次のように reverse は逆順
リストを返し，map はリストの各要素に同じ処理を適用する繰り返し処理を行い
ます。map の引数は関数型インタフェースであり，ラムダ式を渡して呼び出しま
す。(Cons x)->x.reverse()は，引数 x を受け取り x の逆順リストを返すラムダ
式です。map は処理対象リスト(要素 1，要素 2，要素 3)の各要素にラムダ式を適
用し，得られた各結果をリスト(結果 1，結果 2，結果 3)で返します。なお，ラム
ダ式の引数型宣言(Cons x)を付けているのは，Cons の要素は汎用的に Object 型
ですが，今回の要素はさらにリストになっています。何もしないと x は Object 型
であり reverse が呼び出せないので，x は Cons であると明示します。

reverse メソッド(Cons クラス)		
a	=> (1, 2, 3)	
a.reverse()	=> (3, 2, 1)	… リストを逆順にして返す

38　第 1 章　再帰処理と副問題への分割

---

map メソッド（Cons クラス）

```
b                          => ((1, 2), (), (3, 4, 5))
b.map((Cons x) -> x.reverse()) => ((2, 1), (), (5, 4, 3))
                           … b の各要素に reverse を適用しリストで返す
```

disp では，リスト要素を連結した文字列を生成する Cons クラスの mkString メソッドを使っています。なお，リスト要素の連結には区切り文字も使えます。

---

makString メソッド（Cons クラス）

```
a               => (1, 2, 3)
a.mkString("")  => "123"
a.mkString(":") => "1:2:3"      … 区切り文字で連結した文字列を返す
```

本プログラムにおいて，円盤の移動状態を見るためには，hanoi メソッド中の System.out.println の行の後に，次の 1 行を入れると tower の要素が毎回表示され，データ状態が確認できます。

```
System.out.println(tower[0]+" " +tower[1]+" "+tower[2]);
```

実行結果

```
————————————————————————
    ■■■■
    ■■■■■■
■■■■■■■■      ■■
(2, 3, 4) (1) ()
————————————————————————
    ■■■■■■
■■■■■■■■      ■■          ■■■■
(3, 4) (1) (2)
————————————————————————
```

(3, 4) () (1, 2)

⋮

（途中省略）

⋮

- -

(2) (1) (3, 4)

- -

() (1) (2, 3, 4)

- -

() () (1, 2, 3, 4)

第 2 章　解の探索と
　　　　　バックトラッキング

2.1　N クイーン問題

❏ 解の探索と状態空間

　N クイーン問題は，チェス盤にクイーンを配置する問題です。例えば 8 クイーンならば，図 2-1 のように 8×8 のマスに縦横斜めに重ならないような配置パターンがどれだけあるか列挙します。処理手順は，1 行ずつ Q を重複しないよう配置していきますが，どこにも置けない状態ならその置き方は破棄し，他の置けるところを試していきます。

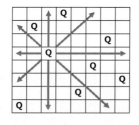

図 2-1　8 クイーン問題

　N クイーン問題は，状態空間探索としてすべての配置の組み合わせである状態空間から目標状態を見つけ出す問題です。配置の組み合わせを調べるのは膨大で複雑な作業ですが，N の個数に関係なく，いかにシンプルな処理手法で問題解決できるかがポイントとなります。これには再帰処理を活用して簡潔に記述します。
　状態空間は，図 2-2 のようにツリー構造としてとらえて組み合わせを試していきます。ツリー探索中に縦横斜めの重複があればその枝探索は失敗とみなして探

索を打ち切ります。そして最終的な目標状態までたどり着ける枝のルートを探します。4 クイーンのケースでは最終的な解にたどり着けるルートは 2 つとなります。

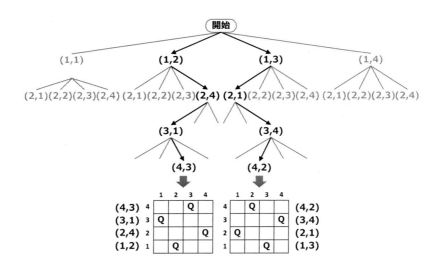

図 2-2　4 クイーンのときの状態空間探索と目標状態のパターン

❑ N クイーン問題プログラム

　リスト 2-1 は N クイーン問題を解くプログラムです。new Queens().start(8) によって 8 クイーンの解探索を開始します。今回も，第 10 章のリスト処理ライブラリ Cons.java を使用します。

リスト 2-1　QueensApp.java　N クイーン問題プログラム

```
package ex02;

import my.Cons;

// Nクイーン問題クラス
class Queens {
  int n;                    // n: クイーン数
```

42　第 2 章　解の探索とバックトラッキング

```java
// 縦と斜めに重複しないかすべての配置をチェック
boolean check(Integer r, Integer c, Cons pat) {
  return pat.forall((Cons p) ->
    c != p.get(1) && r - p.getI(0) != Math.abs(c - p.getI(1)));
}


Cons queen(int r) {          // 配置リストを複数返す
  if (r == 0) {
    return Cons.of(Cons.Nil);
  } else {
    return queen(r - 1).flatMap((Cons p) -> Cons.range(1, n+1)
              .filter((Integer c) -> check(r, c, p))
              .map(c -> new Cons(Cons.of(r, c), p)));
  }
}


String rep(String s, int n) { // 文字列 s を n 回繰り返す
  return new String(new char[n]).replace("¥0", s);
}


void start(int n) {          // 問題を解いて各配置リストから文字列を作成して表示
  this.n = n;
  queen(n).foreach((Cons pat) -> {
    System.out.println();
    pat.foreach((Cons p) ->
      System.out.println(rep("+", p.getI(1)-1) + "Q"
                              + rep("+", n-p.getI(1)))
    );
  });
}
}


// アプリケーション起動クラス
public class QueensApp {
  public static void main(String[] args) {
    new Queens().start(8);       // クイーン数(行数)を指定して開始
  }
}
```

実行結果

```
＋＋＋Q＋＋＋＋
＋Q＋＋＋＋＋＋
＋＋＋＋＋＋Q＋
＋＋Q＋＋＋＋＋
＋＋＋＋＋Q＋＋
＋＋＋＋＋＋＋Q
＋＋＋＋Q＋＋＋
Q＋＋＋＋＋＋＋

＋＋＋＋Q＋＋＋
＋Q＋＋＋＋＋＋
＋＋＋Q＋＋＋＋
＋＋＋＋＋＋Q＋
＋＋Q＋＋＋＋＋
＋＋＋＋＋＋＋Q
＋＋＋＋＋Q＋＋
Q＋＋＋＋＋＋＋

＋＋Q＋＋＋＋＋
＋＋＋＋Q＋＋＋
＋Q＋＋＋＋＋＋
＋＋＋＋＋＋＋Q
＋＋＋＋＋Q＋＋
＋＋＋Q＋＋＋＋
＋＋＋＋＋＋Q＋
Q＋＋＋＋＋＋＋

＋＋Q＋＋＋＋＋
＋＋＋＋＋Q＋＋
＋＋＋Q＋＋＋＋
＋Q＋＋＋＋＋＋
＋＋＋＋＋＋＋Q
＋＋＋＋Q＋＋＋
＋＋＋＋＋＋Q＋
Q＋＋＋＋＋＋＋

＋＋＋Q＋＋＋＋
＋＋＋＋＋＋Q＋
Q＋＋＋＋＋＋＋
＋＋Q＋＋＋＋＋
＋＋＋＋＋＋＋Q
＋＋＋＋＋Q＋＋
＋＋＋Q＋＋＋＋
＋Q＋＋＋＋＋＋

        ：
  （以下省略）
        ：
```

クイーン数（行数）N=8 とした 8 クイーン問題では，queen メソッドは図 2-3 のように配置可能なすべての解答パターン（92 通りある）をリストで返します。一つ一つの解答パターンは 8 個の位置情報から成るリストで表現されます。各位置情報は(行番号, 列番号)という Cons 型データを用います。

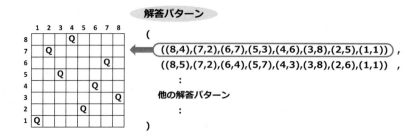

図 2-3　解答パターンのデータ表現

check メソッドは，r 行 c 列に置けるかチェックします。引数 pat はそこまで置いてきた位置情報リストです。例えば，図 2-4 において 1 行 1 列，2 行 5 列，3 行 8 列に配置した状態で，次に 4 行 6 列に置けるか調べる際は check(4,6, ((3,8),(2,5),(1,1)))で呼び出されます。そして pat のすべてを forall メソッドで 4 行 6 列に対し，縦と斜めの位置に重ならないか調べます（1～3 行目までしか置いておらず，4 行目にはないため横方向は調べなくてもいい）。この場合，(3,8),(2,5),(1,1)の位置は，重ならないので check は true を返します。

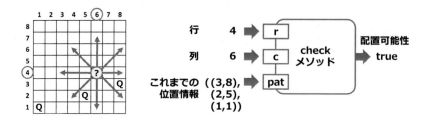

図 2-4　check メソッド

Cons クラスの forall メソッドは，リスト要素すべてに対してラムダ式による判定条件を適用し，すべて true ならば true を返します。これを用いて，図 2-5 のように，check の引数 r，c，pat からラムダ式による判定を行います。forall は，pat の各リスト要素 p に対してすべてにラムダ式を適用し，その結果の論理積を返します。つまり，位置 r，c にクイーンを置いたとき，pat のすべてに対して重複配置にならないかを調べて結果を返します。

```
forall メソッド(Cons クラス)
a                                        => (2, 4, 10)
a.forall((Integer x) -> x % 2 == 0)      => true      … すべて true ならば
```

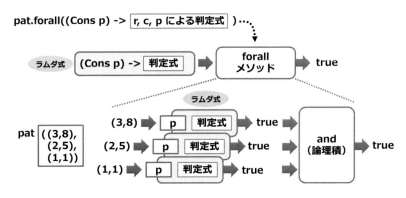

図 2-5　forall メソッドにおけるラムダ式の適用

　forall による繰り返しの間，各位置情報はラムダ式の引数(Cons p)に格納され，p.getI(0)で行番号，p.getI(1)で列番号を参照して位置関係を調べます。Cons クラスの getI メソッドは，0 から始まる添え字によるリスト要素を返します。このとき Integer 型で返すので，結果を数値として比較，演算ができます。

```
getI メソッド(Cons クラス)
p            => (2,5)
p.getI(0)    => 2          … 0 から始まる要素位置で参照，Integer 型で返す
```

```
p.getI(1)      => 5
```

　再帰関数の queen メソッドでは，副問題 queen(r-1)で得られた解答パターンのリストから一つずつ取り出して p とし，1〜n の列番号を c とし，p, c の組み合わせから，check を使って重複配置でない配置を判定し，配置可能な組み合わせを抽出します。

　例として，図 2-6 は N=4 の 4 クイーン問題における queen の再帰処理の途中結果です。queen(2)を処理する際，再帰的に queen(1)の結果を参照します。この結果は 1 行目に配置可能なパターン 1〜4 です。その各パターンに対し，2 行目に配置可能なパターンをそれぞれ生成します。パターン 1 と 4 に対して 2 パターン，パターン 2 と 3 に対して 1 パターンが生成され，新たに 6 パターンとなります。

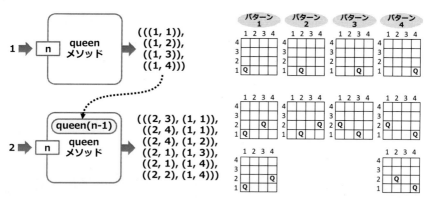

図 2-6　queen メソッド

　queen メソッド内で使われている Cons クラスの filter メソッドは，リスト要素すべてに対してラムダ式による判定条件を適用し，条件が true の場合の要素だけをリストで返します。

```
filter メソッド(Cons クラス)
a                                    => (1, 2, 3, 4)
a.filter((Integer x) -> x % 2 == 0)  => (2, 4)
```

2.1 Nクイーン問題

　8クイーン問題において，例えばp，rが次の値の場合，check(r,c,p)がtrueを返すのはcの値1〜8のうち2，7，8のときです。このとき，図2-7のようにfilterは，配置リストpと行番号rを参照しながら，rangeが生成した列番号リスト(1,2,…,8)の各要素cに対してラムダ式を適用し，結果がtrueとなるcを絞り込み，それらをリストにした結果(2,7,8)を返します。

```
p    => ((2, 5), (1, 1))
r    => 3
```

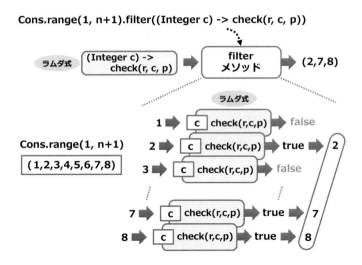

図2-7　filterメソッドにおけるラムダ式の適用

　filterの結果(c1,c2,c3,…)と r と p(p1,p2,…)から新たなパターン((r,c1),p1,p2,…)という形を作りますが，これには map のラムダ式によって(((r,c1),p1,p2,…),((r,c2),p1,p2,…),…)という複数パターンのリスト構造をつくります。次のような状況では，ひとつのパターン p に対し，追加位置(3,2)，(3,7)，(3,8)を用いて新たな組み合わせパターンを3つ生成します。

48　第 2 章　解の探索とバックトラッキング

```
p               => ((2, 5), (1, 1))
r               => 3
filter の結果    => (2, 7, 8)        … c の組み合わせ


(2, 7, 8).map(c -> new Cons(Cons.of(r, c), p)))
                          => ( ((3, 2), (2, 5), (1, 1)),
                               ((3, 7), (2, 5), (1, 1)),
                               ((3, 8), (2, 5), (1, 1)) )
```

　得られた複数のパターンは，ひとつのパターン p に対する組み合わせですが，もともと p は queen(r-1)の 1 要素です。よって，queen(r-1)が返す複数のパターンに対して，さらに複数の組み合わせパターンを生成することになります。このとき，queen の返す値は(パターン，パターン，パターン，パターン，…)としたいところですが，map で組み合わせを生成すると((パターン，パターン)，(パターン，パターン)…)というように二重のリストになってしまいます。そこで，flatMap を使います。イメージとしては次のような結果になります。

```
queen(r-1)            => ((p1,p2), (p3,p4))
filter().map()の結果 1  => ((p5,p1,p2), (p6,p1,p2), (p7,p1,p2))
filter().map()の結果 2  => ((p8,p3,p4), (p9,p3,p4), (p10,p3,p4))


すべての結果について

  map で生成      => ( ((p5,p1,p2), (p6,p1,p2), (p7,p1,p2)),
                     ((p8,p3,p4), (p9,p3,p4), (p10,p3,p4)) )


  flatMap で生成   => ( (p5,p1,p2), (p6,p1,p2), (p7,p1,p2),
                     (p8,p3,p4), (p9,p3,p4), (p10,p3,p4)  )
                  => (    パターン，     パターン，     パターン，
                         パターン，     パターン，     パターン     )
```

Cons クラスの **flatMap** は，リストの各要素にラムダ式を適用し，得られたリストをフラット化します。

```
flatMap メソッド（Cons クラス）

a                                    => ((1, 2), (3, 4))
a.map((Cons x) -> new Cons(0, x))    => ((0, 1, 2), (0, 3, 4))
a.flatMap((Cons x) -> new Cons(0, x))  => (0, 1, 2, 0, 3, 4)
```

start メソッドでは，queen(n)から得られた全パターンに対し，**Cons** クラスの **foreach** メソッドで出力処理を行います。**foreach** は，**map** のようにリスト各要素にラムダ式を適用しますが，実行するだけで結果は返しません。

```
foreach メソッド（Cons クラス）

a                               => ((3, 4), (2, 1), (1, 3))
a.map((Cons x) -> x.head)       => (3, 2, 1)
a.foreach((Cons x) -> x.print())  … 結果は返さず，出力するだけ
```

queen が返す各解答パターンは，リストの長さが最初は 1 だったものが，再帰から戻ってきて，先頭に新たな位置情報が追加され，長くなっていきます。戻るたびに組み合わせによってパターンは 8 倍に増え，さらにそこから **filter** の抽出で消去されながら配置可能なパターンが結果に生き残っていきます。

queen の再帰処理を探索過程に着目して見てみましょう。図 2-8 は 4 クイーンの場合の queen による探索過程です。組み合わせの生成（枝分かれ）と重複配置による探索打ち切り（枝刈り）を行いながら，ツリーのレベルを下に進めていきます。このような探索を幅優先探索と呼び，探索空間であるツリーに対し，水平方向をすべて調べてから下に向かっていきます。

4 クイーンにおける queen の再帰呼び出しをトレースするコードを追加してみましょう。リスト 2-2 は Queens クラスをもとに派生させた Queens1 クラスです。再び trace メソッドを使って queen の引数と戻り値を表示させてみます。

50　第 2 章　解の探索とバックトラッキング

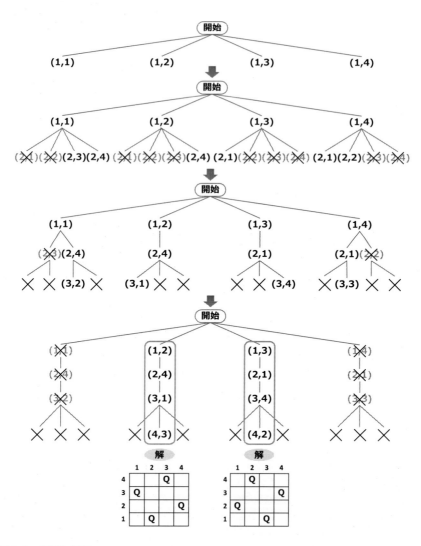

図 2-8　幅優先探索

リスト 2-2　QueensApp1.java　N クイーン問題プログラム（トレース機能バージョン）

```
package ex02;

import java.util.function.Supplier;
import my.Cons;
```

2.1 Nクイーン問題　51

```
// Nクイーン問題クラス(再帰トレース付きバージョン, Queensクラスから派生)
class Queens1 extends Queens {
  int level = 0;         // 再帰レベル

  // 再帰呼び出し過程を追跡出力するメソッド
  <T> T trace(String fname, String[] args, Supplier<T> fun) {
    String s = new String(new char[level]).replace("¥0", "- ")
                                        + level + ": " + fname;
    System.out.println(s + " (" + String.join(",", args) + ")");
    level++;
    T ret = fun.get();
    level--;
    System.out.println(s + " =" + ret);
    return ret;
  }

  Cons queen(int r) {                    // 配置リストを複数返す
    return trace("queen", new String[] { ""+r }, ( ) -> {
      if (r == 0) {
        return Cons.of(Cons.Nil);
      } else {
        return queen(r - 1).flatMap((Cons p) -> Cons.range(1, n+1)
                  .filter((Integer c) -> check(r, c, p))
                  .map(c -> new Cons(Cons.of(r, c), p)));
      }
    });
  }
}

// アプリケーション起動クラス
public class QueensApp1 {
  public static void main(String[] args) {
    new Queens1().start(4);              // 4x4で実行してみる
  }
}
```

▌ 実行結果

```
0: queen (4)
- 1: queen (3)
- - 2: queen (2)
- - - 3: queen (1)
```

52　第 2 章　解の探索とバックトラッキング

```
- - - - 4: queen (0)
- - - - 4: queen = (())                      … 初期値として空リスト
- - - 3: queen = (((1, 1)), ((1, 2)), ((1, 3)), ((1, 4)))
                                             … 探索候補は4パターン
- - 2: queen = (((2, 3), (1, 1)), ((2, 4), (1, 1)), ((2, 4), (1, 2)),
((2, 1), (1, 3)), ((2, 1), (1, 4)), ((2, 2), (1, 4)))
                                             … 探索候補は6パターン
- 1: queen = (((3, 2), (2, 4), (1, 1)), ((3, 1), (2, 4), (1, 2)),
((3, 4), (2, 1), (1, 3)), ((3, 3), (2, 1), (1, 4)))
                                             … 探索候補は4パターン
0: queen = (((4, 3), (3, 1), (2, 4), (1, 2)), ((4, 2), (3, 4), (2,
1), (1, 3)))                      … 最終的な探索結果は2パターン

++Q+
Q+++
+++Q
+Q++

+Q++
+++Q
Q+++
++Q+
```

　各再帰呼び出しの戻り値は，次のように探索結果のパターンをリストにしたも
のが返されていきます。初回の結果である queen(0)の戻り値は，初期値として
Cons.of(Cons.Nil)=(())のような空のリストが返されます。その結果を受け取
った queen(1)の処理では，(()).flatMap(p …)によって p の値は()が 1 個，次
は，(1,2,3,4).filter(c …)によって c の値は 1,2,3,4 の 4 個で 1 個×4 個の
組み合わせとなります。このとき r は 1，p は()なので，組み合わせで得られるパ
ターンは，new Cons((1,1),())→((1,1))という要領で作られていきます。

　こうして位置の長さが 1 である 4 パターンが得られ，それらが map によってリ
ストでくくられて，結果は (((1,1)), ((1,2)), …)という形になります。さ
らにその結果を受け取った queen(2)では，4 パターン×4 個＝16 個の組み合わせ
を生成し，そこから filter で配置可能なパターンのみにフィルタリングされ，
(((2,3),(1,1)), ((2,4),(1,1)), …)と長さが 2 である 6 パターンが得られ
ます。こうしてパターンの生成と条件による絞り込みが繰り返されていきます。
毎回の再帰処理ではパターンに新たな r, c の組み合わせが追加されるので次第に

各パターンの長さが伸びていき，最終的に queen(4) では，位置の長さが 4，つまり 4 クイーン分の位置情報が構築されます。

```
queen(0) =>
        (())                                … 空リスト


queen(1) =>
        (((1, 1)),                          … パターン 1
         ((1, 2)),                          … パターン 2
         ((1, 3)),                          … パターン 3
         ((1, 4)))                          … パターン 4


queen(2) =>
        (((2, 3), (1, 1)),                  … パターン 1
         ((2, 4), (1, 1)),                  … パターン 2
         ((2, 4), (1, 2)),                  … パターン 3
         ((2, 1), (1, 3)),                  … パターン 4
         ((2, 1), (1, 4)),                  … パターン 5
         ((2, 2), (1, 4)))                  … パターン 6


queen(3) =>
        (((3, 2), (2, 4), (1, 1)),          … パターン 1
         ((3, 1), (2, 4), (1, 2)),          … パターン 2
         ((3, 4), (2, 1), (1, 3)),          … パターン 3
         ((3, 3), (2, 1), (1, 4)))          … パターン 4


queen(4) =>
        (((4, 3), (3, 1), (2, 4), (1, 2)),  … パターン 1
         ((4, 2), (3, 4), (2, 1), (1, 3)))  … パターン 2
```

2.2 騎士の巡回問題

❏ ルート探索とバックトラッキング

騎士の巡回問題は，図 2-9 のようにチェスのナイト（騎士）の移動ルールに従ってチェス盤のマスをすべて 1 回ずつ訪れるルートを見つけ出す問題です。

開始位置から移動させ，すでに訪れているマスに来ると，そのルート選択は失敗とみなし，戻って別のルートを試します。このようにコンピュータが試行錯誤しながら後戻りする処理方法をバックトラッキング（backtracking）と呼びます。

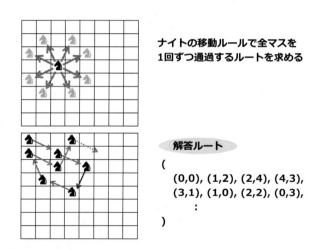

図 2-9 騎士の巡回問題

❏ 騎士の巡回問題プログラム

リスト 2-3 は騎士の巡回問題を解くプログラムです。チェス盤サイズ N=5 とし，再帰関数 knight メソッドがバックトラッキングしながらルート探索します。

リスト 2-3　KnightsTourApp.java　騎士の巡回問題プログラム

```
package ex02;
```

2.2 騎士の巡回問題　55

```java
import my.Cons;

// 騎士の巡回問題クラス
class KnightsTour {
  int n;                 // n: チェス盤サイズ
  Integer[][] bd;        // n×nチェス盤, 2次元配列
  Cons[] pat;            // ナイトの移動パターン

  public KnightsTour(int n) {
    this.n = n;
    bd = Cons.makeIntArray2(n, n, 0);        // n×nチェス盤生成
    pat = new Cons[] {                       // ナイトの移動パターン生成
      Cons.of(1,2), Cons.of(1,-2), Cons.of(-1,2), Cons.of(-1,-2),
      Cons.of(2,1), Cons.of(2,-1), Cons.of(-2,1), Cons.of(-2,-1)  };
  }

  // r,cへの移動を試す
  public Cons knight(int r, int c, int cnt, Cons route) {
    if (r >= 0 && r < n && c >= 0 && c < n && bd[r][c] == 0) {
      bd[r][c] = cnt;                        // マスに移動数を代入
      if (cnt == n*n) return new Cons(Cons.of(r,c), route);
                                             // 最終位置到達, 結果を返す
      for (Cons p : pat) {
        Cons rt = knight(r+p.getI(0), c+p.getI(1), cnt+1,
                   new Cons(Cons.of(r,c), route)); // 次の移動を試す
        if (rt != Cons.Nil) return rt;       // ルート探索成功, 結果を返す
      }
      bd[r][c] = 0;                          // 失敗したのでマスを空に戻す
    }
    return Cons.Nil;                         // 失敗したのでNilを返す
  }

  void start(int r, int c) {    // r,cから開始して巡回ルートとチェス盤表示
    System.out.println(knight(r, c, 1, Cons.Nil));
                                             // 巡回ルートを求めて表示
    for (int i = 0; i < n; i++) {
      for (int j = 0; j < n; j++)
        System.out.printf("%02d ", bd[i][j]);
      System.out.print("\n");
```

56 第 2 章 解の探索とバックトラッキング

```
    }
  }
}

// アプリケーション起動クラス
public class KnightsTourApp {
  public static void main(String[] args) {
    new KnightsTour(5).start(0, 0);
                              // チェス盤サイズ，初期位置を指定して開始
  }
}
```

実行結果

```
((0, 4), (2, 3), (4, 4), (3, 2), (4, 0), (2, 1), (0, 2), (1, 4),
 (3, 3), (4, 1), (2, 0), (0, 1), (1, 3), (3, 4), (4, 2), (3, 0),
 (1, 1), (0, 3), (2, 2), (1, 0), (3, 1), (4, 3), (2, 4), (1, 2),
 (0, 0))
01 14 19 08 25
06 09 02 13 18
15 20 07 24 03
10 05 22 17 12
21 16 11 04 23
```

変数 bd はチェス盤の 2 次元配列であり，配列要素には移動順序を記録します。
これは Cons クラスの makeIntArray2 メソッドで配列構築と初期値代入を行いま
す。makeIntArray2 は整数の 2 次元配列を作成するユーティリティであり，例え
ば 3×3 の配列を作成して 0 で初期化するには次のようにします。

makeIntArray2 メソッド（Cons クラス）

```
bd = Cons.makeIntArray2(3, 3, 0)    => {{0,0,0},{0,0,0},{0,0,0}}
```

変数 pat はナイトの移動可能パターンの配列で，図 2-10 のように各要素は行
と列の移動量を表す Cons 型データです。(1,-2)なら，現在位置から+1 行と-2 列
の移動量です。knight メソッドの引数 r，c は移動試行位置，cnt は何回目の移
動かを表すカウンタで初期値は 1 です。route はそこまでの移動ルートを累積し
たリストデータです。knight は探索結果のルートをリストにして返します。

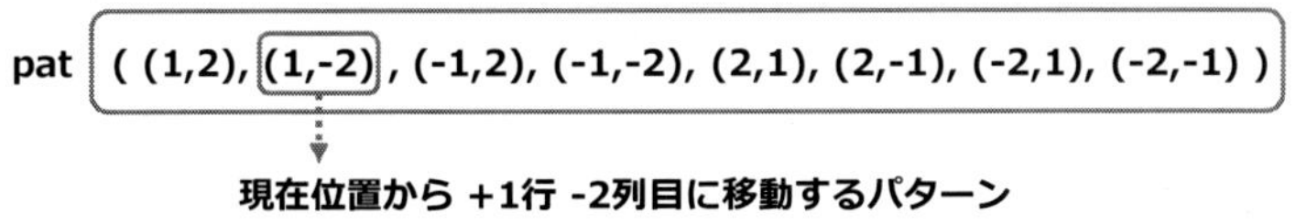

pat ((1,2), (1,-2), (-1,2), (-1,-2), (2,1), (2,-1), (-2,1), (-2,-1))

現在位置から +1行 -2列目に移動するパターン

図 2-10　騎士の移動可能パターンデータ構造

　図 2-11 は移動ルートの探索過程の中で，ある時点の状態を表したものです。変数 bd はチェス盤を表す 2 次元配列であり，0 で初期化されています。knight メソッドは試行位置が空（0）ならばそこに値（cnt）を入れ，そこから移動可能位置を再帰的に探索していきます。そうして試行位置が空以外ならば失敗とみなし Nil（空リスト）を返します。失敗すると，もとの試行位置に入れた値（cnt）は 0 に戻して，別の移動ルートの探索をバックトラッキングでやり直します。

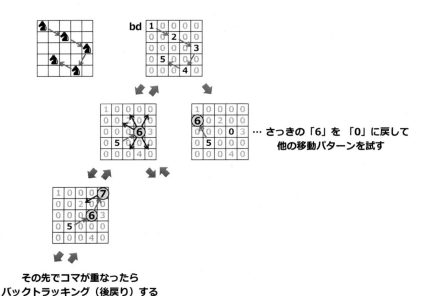

図 2-11　バックトラッキングによるルート探索

図 2-12 は，4×4 のチェス盤におけるルートの探索の過程です。目標にたどり着くまで探索ツリーを下へ下へと探していき，失敗すると戻って別の枝のルートを試します。このように成功するまでツリーのレベルの深さを進めていく形態を深さ優先探索といいます。なお，騎士の巡回問題で，3×3 や 4×4 のチェス盤での解は存在せず，knight メソッドは最終的に空リストを返します。

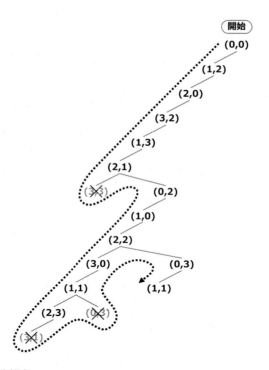

図 2-12　深さ優先探索

第 3 章　論理パズル

3.1　宣教師とモンスター

❏ ルールと目標状態

　宣教師とモンスター問題はで，図 3-1 のように宣教師 3 人とモンスター3 人が川の対岸に渡るのが目的です。使えるボートは定員 2 名までです。ただし，いずれかの岸において，モンスターの数が宣教師の数を上回ると宣教師が襲われてしまいます。この状況を回避し，無事に渡る手順を求めるのがこの問題です。

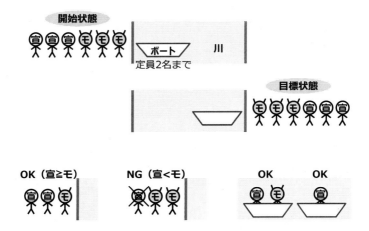

図 3-1　宣教師とモンスター問題

　ボートに乗れるのは宣教師やモンスターに関わりなく 1 名か 2 名です。ボートで移動している最中にそれぞれの岸において，宣教師数≧モンスター数なら安全ですが宣教師数＜モンスター数の状況になると，モンスターの習性により宣教師を襲います。宣教師もモンスターも対岸へ渡りたいという目的は一致しています

が，手順を誤ると惨事となってしまうのです。図 3-2 はこの問題の解決手順です。

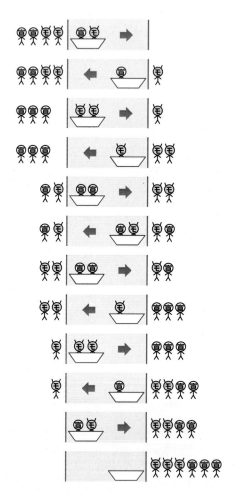

図 3-2　宣教師とモンスター問題の解決手順

　各過程においてボート移動中およびボートが岸に着いて上陸した状態で，各岸ではモンスターの数が宣教師を上回らない状況になっており安全な手順です。このような複雑な手順をプログラミングでシンプルに解決するには再帰処理を活用します。各再帰処理の過程で安全状態かを調べることで失敗を判定し，その場合

3.1 宣教師とモンスター　61

はバックトラッキングで後戻りします。そうして目標状態となる解を求めます。

❏ 宣教師とモンスター問題プログラム

リスト **3-1** は宣教師とモンスター問題のプログラムです。再帰関数 solve によって移動手順を求めます。

リスト 3-1　MissionariesAndCannibalsApp.java　宣教師とモンスター問題プログラム

```java
package ex03;

import my.Cons;

// 宣教師とモンスターの川渡り問題クラス
class MissionariesAndCannibals  {
  Cons opAll = Cons.Nil;                         // 可能な乗船パターン

  Cons move(Cons from, Cons to, Cons op) { // fromからtoへボート移動
    Cons from1 = from.diff(op);              // 乗船者を取り除いた残り
    if (from1.length() == from.length() - op.length())
                          return Cons.of(from1, op.append(to));
    else return Cons.of(from, to);
  }

  boolean goal(Cons st) {                      // この移動結果はゴールか？
    return st.head == Cons.Nil;                // 左岸が空
  }

  boolean safe(Cons st) {                      // この移動結果は安全な状態か？
    return st.forall((Cons x) ->
           x.count("宣") == 0 || x.count("宣") >= x.count("モ"));
  }

  // 移動記録を返す
  Cons solve(Cons st, Cons ops, int boat, Cons history) {
    if (ops == Cons.Nil) return Cons.Nil;// もう試すパターンが無いので失敗
    else {
      Object op = ops.head;
      Cons opTail = ops.tail;
```

62 第 3 章 論理パズル

```java
      Cons dir, stNew;                    // 移動記録作成（方向, 新たな状態）
      if (boat == -1) {                   // 右岸へ移動
        dir = Cons.of('→');
        stNew = move(st.getC(0), st.getC(1), (Cons)op)
                .map((Cons x) -> x.sorted());
      } else {                            // 左岸へ移動
        dir = Cons.of('←');
        stNew = move(st.getC(1), st.getC(0), (Cons)op).reverse()
                .map((Cons x) -> x.sorted());
      }
      if (goal(stNew)) {                  // ゴールなら成功
        return new Cons(new Cons(op, dir, stNew), history);
      } else if (stNew.equals(st) || !safe(stNew) ||
            history.exists((Cons x) ->
                x.tail.equals(new Cons(dir, stNew)))) {
        // 無変化, 移動不可, 過去状態に戻ると失敗
        return solve(st, opTail, boat, history);    // 残りの操作を試す
      } else {                            // 移動成功
        Cons ret = solve(stNew, opAll, -boat,
          new Cons(new Cons(op, dir, stNew), history));
                                          // 新たな状態から進める
        if (ret != Cons.Nil) return ret;  // 成功ならそれを返す
        else return solve(st, opTail, boat, history);
                                          // 失敗なら残り操作試す
      }
    }
  }
}

void start() {
  // 可能な乗船パターン
  opAll = Cons.of(Cons.of("宣","宣"), Cons.of("宣","モ"),
              Cons.of("モ","モ"), Cons.of("宣"), Cons.of("モ"))
          .map((Cons x) -> x.sorted());
  // 岸の初期状態
  Cons st = Cons.of(Cons.of("宣", "宣", "宣", "モ", "モ", "モ")
            .sorted(), Cons.Nil);
  // 移動記録初期状態
  Cons history = Cons.of(new Cons(Cons.Nil,
                   new Cons(Cons.of('←'), st)));
  // 問題解決
```

```
    Cons solution = solve(st, opAll, -1, history);
    // 結果表示
    System.out.println(
        "移動者\t\t移動方向\t\t結果状態（左岸)\t結果状態（右岸)");
    solution.reverse().foreach((Cons x) -> System.out.println(
        x.map((Cons y) -> y.mkString("")).mkString("\t\t")));
                                            // 移動記録表示
  }
}

// アプリケーション起動クラス
public class MissionariesAndCannibalsApp {
  public static void main(String[] args) {
    new MissionariesAndCannibals().start();
  }
}
```

実行結果

移動者	移動方向	結果状態（左岸)	結果状態（右岸)
	←	モモモ宣宣宣	
モ宣	→	モモ宣宣	モ宣
宣	←	モモ宣宣宣	モ
モモ	→	宣宣宣	モモモ
モ	←	モ宣宣宣	モモ
宣宣	→	モ宣	モモ宣宣
モ宣	←	モモ宣宣	モ宣
宣宣	→	モモ	モ宣宣宣
モ	←	モモモ	宣宣宣
モモ	→	モ	モモ宣宣宣
宣	←	モ宣	モモ宣宣
モ宣	→		モモモ宣宣宣

　まず start メソッド内で初期化される変数について見てみましょう。変数
opAll は図 3-3 のようなすべての乗船パターンのリストです。opAll の要素は，
比較処理をしやすくするために，Cons クラスの sorted メソッドでリスト内部を
ソートしておきます。sorted はリストをソートしますが，map と組み合わせるこ
とで，リスト内のさらにリストをソートすることができます。

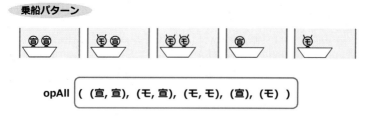

図 3-3　乗船パターンのリストデータ

```
sorted メソッド（Cons クラス）
(4, 2, 3, 5, 1).sorted()　=> (1, 2, 3, 4, 5)　… リストをソート
```

```
  ((宣, 宣),(宣, モ),(モ, モ),(宣),(モ)).map((Cons x) -> x.sorted())
=> ((宣, 宣),(モ, 宣),(モ, モ),(宣),(モ))　　　… リスト要素内をソート
```

　変数 st は初期状態を表し，左右の岸にいる対象を図 3-4 のようなリストで表します。これも sorted でソートしたものです。st はボートの移動によって状態変化していきます。

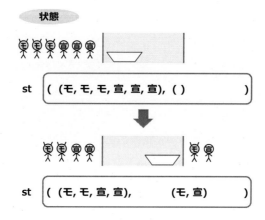

図 3-4　状態のリストデータ

3.1 宣教師とモンスター　65

　変数 history は移動記録です。図 3-5 のように移動者，移動方向，左岸状態，右岸状態のリストを 1 回分の移動記録として，solve メソッドが再帰的に呼ばれて移動が成功するたびに，リストの先頭に新たな移動の記録を追加していきます。初期状態はボートが左に置かれるようにし，移動者なし，全員左岸にいる状態から始まります。

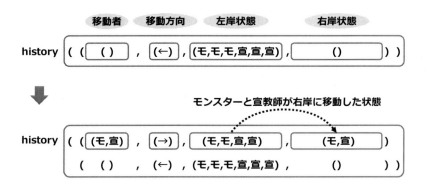

図 3-5　移動記録のデータ構造

　move メソッドは，図 3-6 のように移動元（from），移動先（to）の状態，および 1 つの乗船パターン（op）を与えると，移動結果として(移動元，移動先)というリストで返します。

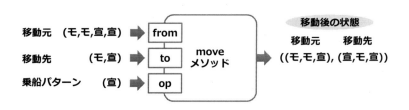

図 3-6　移動処理関数

　move 内では，移動元から乗船者を取り除いたリストを作るために Cons クラスの diff メソッドを使用します。diff メソッドはリストの差集合を返します。ま

66　第 3 章　論理パズル

た，`length` メソッドはリストの要素数を返します。

---

diff, length メソッド（Cons クラス）

```
from                         => (モ, 宣, 宣, 宣) … 移動元
op                           => (宣, 宣)         … 乗船者
from1 = from.diff(op)        => (モ, 宣)         … 移動後の移動元状態


from.length() - op.length()  => 2 … 乗船者全員が移動した際の残り
from1.length()               => 2 … 結果が等しいので移動できたとみなす
```

　乗船者全員が移動した際の残りの要素数と，移動後の移動元要素数を比較し，一致すれば，その移動は可能であったと判断します。要素数が異なれば，移動はできていないと判断し，もとの移動元，移動先の状態を返します。

```
from                         => (モ, 宣, 宣, 宣) … 移動元
op                           => (モ, モ)         … 乗船者
from1 = from.diff(op)        => (宣, 宣, 宣)      … 移動後の移動元状態


from.length() - op.length()  => 2
from1.length()               => 3 … 長さが異なるので移動できていない
```

　移動できた場合は，Cons クラスの append メソッドを使って次のように移動後の状態を生成します。append は 2 つのリストを結合したリストを返します。

```
from                         => (モ, 宣, 宣, 宣) … 移動元
to                           => (モ, モ)         … 移動先
op                           => (宣, 宣)         … 乗船者
from1 = from.diff(op)        => (モ, 宣)         … 移動後の移動元状態
Cons.of(from1, op.append(to)) => ((モ, 宣), (宣, 宣, モ, モ))
                                … (移動元, 移動先)の新たな状態
```

```
append メソッド(Cons クラス)
a             => (1, 2, 3)
b             => (4, 5)
a.append(b)   => (1, 2, 3, 4, 5)
```

goal メソッドは，目標状態になったかを判定します。この処理は簡単で，次のように左岸が空リストであるか調べるだけです。

```
boolean goal(Cons st) {              // この移動結果はゴールか？
    return st.head == Cons.Nil;      // 左岸が空
}
```

また，safe メソッドは，次の処理によって，安全な状態であるかを判定します。safe は図 3-7 のように，両岸の状態に対してラムダ式を使った判定を行います。

```
boolean safe(Cons st) {                        // この移動結果は安全な状態か？
    return st.forall((Cons x) ->
        x.count("宣") == 0 || x.count("宣") >= x.count("モ"));
}
```

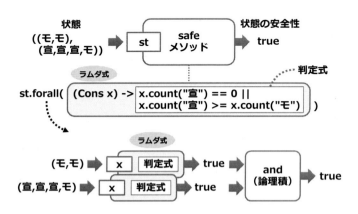

図 3-7　宣教師とモンスター問題の safe メソッド

68　第 3 章　論理パズル

　Cons クラスの forall メソッドは，両岸の状態である変数 st のすべての要素
に対し，ラムダ式が真になるかを調べます。すべての要素とは，すなわち左岸リ
ストと右岸リストのことです。各リストに対し，宣教師数＝0 または宣教師数≧モ
ンスター数が真であるかを調べればよいことになります。Cons クラスの count メ
ソッドは，次のようにリスト要素をカウントします。

```
count メソッド(Cons クラス)
x                => (モ，モ，宣，宣)
x.count("宣")    => 2
```

　solve メソッドは，移動手順の解を求める再帰関数です。まず乗船パターンで
ある引数 ops の先頭を op へ，残りを opTail に格納して使用します。例えば ops
が次のような状態なら op と opTail にはリスト要素がこのように格納されます。

```
ops      => ((宣，宣),(モ，宣),(モ，モ),(宣),(モ))
 ↓
op       => (宣，宣)
opTail   => ((モ，宣),(モ，モ),(宣),(モ))
```

　また，move に渡す引数 from, to へは，両岸の状態である変数 st から Cons ク
ラスの getC メソッドで 0 番目と 1 番目の要素を参照して渡します。getC はリス
ト要素を Cons 型で返すので，そのまま move の引数に渡せます。

```
getC メソッド(Cons クラス)
st           => ((モ，宣，宣，宣), (モ，モ))    … 両岸の状態
st.getC(0)   => (モ，宣，宣，宣)                … 左岸
st.getC(1)   => (モ，モ)                        … 右岸
```

　そうして solve では move メソッドを使って右岸，あるいは左岸への移動を試
みて，移動結果を stNew に格納します。

```
if (boat == -1) {              // 右岸へ移動
    dir = Cons.of('→');
    stNew =（moveメソッドで右岸への移動を試みる）;
} else {                       // 左岸へ移動
    dir = Cons.of('←');
    stNew =（moveメソッドで左岸への移動を試みる）;
}
```

solveにおいて，移動を試みた後はstNewを用いて次の状態判定を行い，図3-8のように再帰処理を進めます。

①目標状態になったか？
②変化なし（その乗船パターンに適用できる人数がいなかった）
③宣教師が襲われる状態
④過去の状態と同じ状態（もとに戻ってしまい手順がループして終わらない）

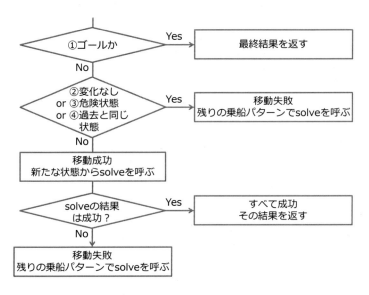

図3-8　solveメソッド内の移動判定フロー

70　第 3 章　論理パズル

　①の判定には goal メソッドを使って目標状態であるか判定します。②の判定には，Cons クラスの equals メソッドを使って stNew と st を比較します。

```
equals メソッド(Cons クラス)
a            => ((モ,宣), (モ,モ,宣,宣))
b            => ((モ,宣), (モ,モ,宣,宣))
a.equals(b)  => true
```

　③の判定には safe メソッドを使い，宣教師とモンスターの数が安全な状態かを判定します。④の判定には，これまでの移動状態に同じ状態があるかを調べます。同じ状態があったなら，移動可能であっても，同じ移動手順を何度もループしてしまう可能性があります。そこで，移動記録 history に同じ移動状況があるかどうか Cons クラスの exists メソッドで調べます。exists は一つでもラムダ式の結果が true になれば true を返します。

```
exists メソッド(Cons クラス)
a                            => (1, 2, 3)
a.exists((Integer x) -> x % 2 == 0)    => true  … 一つでも true ならば
```

```
history.exists((Cons x) -> x.tail.equals(new Cons(dir, stNew)))
         … x の先頭要素は移動者情報なので，そのあとの x.tail を比較する


このとき次の場合では，過去に同じ移動状況があったことになる
x.tail                  => ((→), (モ,宣), (モ,モ,宣,宣)) … 過去の記録
new Cons(dir, stNew)    => ((→), (モ,宣), (モ,モ,宣,宣)) … 今回の状況
```

　②③④の判定によって，移動が成功すると，新たな状態 stNew を起点にさらに solve の再帰呼び出しを行います。再帰呼び出しの結果が成功であれば，目標状態に到達したことを意味します。また，失敗であれば，stNew への移動は成功したものの，何回か先で失敗したことを意味するので，バックトラッキングによって，stNew の移動状態を破棄し，残りの乗船パターンに委ねます。

3.2 農民と狼とヤギとキャベツ

❏ ルールと目標状態

図 3-9 は農民と狼とヤギとキャベツ問題です。これも対岸へ渡るのが目標です。

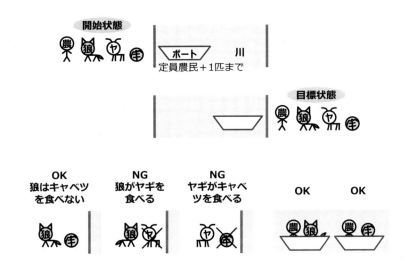

図 3-9 農民と狼とヤギとキャベツ問題

ボートには最低でも農民が乗り、さらにもう一つ何かを乗せて渡ることができます。ただし農民がそばにいないと狼はヤギを襲い、ヤギはキャベツを食べる習性があります。それらの禁止状態を避けて無事に川を渡る手順を求める問題です。

図 3-10 はこの問題の解決手順です。各過程においてボート移動中の岸の状態では、農民がそばにいない状態での狼とヤギの組み合わせ、またヤギとキャベツの組み合わせが発生しない状況になっています。

今回の問題解決も宣教師とモンスター問題と同様の手法で解決ができます。そのためプログラムでは宣教師とモンスター問題の処理機能を一部再利用することができます。これはオブジェクト指向プログラミングの利点です。

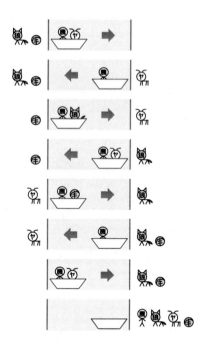

図 3-10　農民と狼とヤギとキャベツ問題の解決手順

　宣教師とモンスター問題も農民と狼とヤギとキャベツ問題も，ルールは異なりますが基本的なボート操作，状態や目標のデータ構造，安全状態の判定など，処理の基盤は共通しています。効率よくプログラミングするために，共通部分をそのまま流用（再利用）し，差異部分の処理を追加（再定義）し，オブジェクト指向を活用してプログラミングしてみましょう。

　まず，各問題解決の相違点を表 3-1 にまとめました。なお乗船パターンの欄では，宣教師，モンスターを宣，モと省略し，農民，狼，ヤギ，キャベツを農，狼，ヤ，キと省略しています。表ではおよそ半分くらいの処理部分が共通しており，異なる個所は「非安全状態」「状態の初期値」「乗船パターン」です。これらの相違点であるメソッドを再定義し，それ以外はそのまま流用することとします。

表3-1　2つの問題解決の共通点と相違点

	宣教師とモンスター問題	農民と狼とヤギとキャベツ問題
変数のデータ構造	同じ	同じ
ボート移動処理	同じ	同じ
問題解決の再帰処理	同じ	同じ
目標状態	同じ	同じ
非安全状態	宣教師数＜モンスター数	農民なし，狼，ヤギあり 農民なし，ヤギ，キャベツあり
状態の初期値	宣教師×3，モンスター×3	農民，狼，ヤギ，キャベツ
乗船パターン	宣宣，モモ，宣モ，宣，モ	農，農狼，農ヤ，農キ

❏ 農民と狼とヤギとキャベツ問題プログラム

リスト3-2は農民と狼とヤギとキャベツ問題プログラムです。このプログラムは，宣教師とモンスター問題の `MissionariesAndCannibals` クラスを継承する `WolfGoatCabbage` クラスを作成します。

リスト3-2　WolfGoatCabbageApp.java　農民と狼とヤギとキャベツ問題プログラム

```java
package ex03;

import my.Cons;

// 農民と狼とヤギとキャベツの川渡り問題クラス（宣教師とモンスターのクラスを継承）
class WolfGoatCabbage extends MissionariesAndCannibals {
  boolean safe(Cons st) {              // この移動結果は安全な状態か？
    return !st.exists((Cons x)->
                      !x.contains("農") && x.contains("ヤ") &&
                      (x.contains("狼") || x.contains("キ")));
  }

  void start() {
    // 可能な乗船パターン
    opAll = Cons.of(Cons.of("農","狼"), Cons.of("農","ヤ"),
      Cons.of("農","キ"), Cons.of("農")).map((Cons x) -> x.sorted());
```

74　第 3 章 論理パズル

```java
    // 初期状態
    Cons st = Cons.of(Cons.of("農","狼","ヤ","キ").sorted(),Cons.Nil);
    // 移動記録の初期状態
    Cons history = Cons.of(new Cons(Cons.Nil, Cons.of("←"), st));
    // 問題解決
    Cons solution = solve(st, opAll, -1, history);
    // 結果表示
    System.out.println(
        "移動者\t\t移動方向\t\t結果状態(左岸)\t結果状態(右岸)");
    solution.reverse().foreach((Cons x) -> System.out.println(
      x.map((Cons y)-> y.mkString("")).mkString("\t\t"))); // 結果表示
  }
}

// アプリケーション起動クラス
public class WolfGoatCabbageApp {
  public static void main(String[] args) {
    new WolfGoatCabbage().start();
  }
}
```

実行結果

移動者	移動方向	結果状態（左岸）	結果状態（右岸）
	←	キヤ狼農	
ヤ農	→	キ狼	ヤ農
農	←	キ狼農	ヤ
狼農	→	キ	ヤ狼農
ヤ農	←	キヤ農	狼
キ農	→	ヤ	キ狼農
農	←	ヤ農	キ狼
ヤ農	→		キヤ狼農

　今回の乗船パターンである変数 opAll は図 3-11 のようになります。

　また，safe メソッドは，次のような処理によって安全な状態であるかを判定します。これは，危険状態である「農夫がいない状態でヤギと狼，あるいはヤギとキャベツの存在」を調べ，この判定を Cons クラスの exists メソッドによって，両岸に対して行います。最終的に，結果を否定することで安全状態を判定しています。

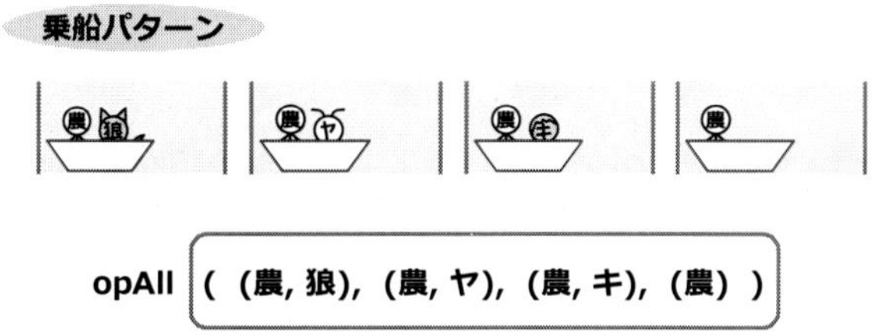

opAll ((農, 狼), (農, ヤ), (農, キ), (農))

図 3-11　乗船パターンのリストデータ

```
boolean safe(Cons st) {              // この移動結果は安全な状態か？
  return !st.exists((Cons x)->
                    !x.contains("農") && x.contains("ヤ") &&
                    (x.contains("狼") || x.contains("キ")));
}
```

Cons クラスの contains メソッドは，次のようにリストに要素が含まれるかを判定します。

contains メソッド（Cons クラス）

```
x                 => (キ, 狼, 農)
x.contains("狼") => true
x.contains("ヤ") => false
```

図 3-12 は宣教師とモンスター問題とのオブジェクト構成の比較です。WolfGoatCabbage クラスとスーパークラス MissionariesAndCannibals の相違点として，安全状態であるか判定する safe メソッドおよび，乗船パターンや初期状態の設定などを行う start メソッドは，内容が異なるので，メソッドをオーバーライドして再定義します。それ以外の変数とメソッドは，スーパークラスから継承します。例えば move や solve メソッドは全く同じ内容が使えるわけです。このようなオブジェクト指向機能によってプログラムが簡素に効率よく作れます。今回は片方をスーパークラスとしましたが，例えば図 3-13 のように，両者に共通

する汎用的な「川渡り問題クラス」というものを作っておき，その派生クラスとして両者を作成する方法も考えられます。

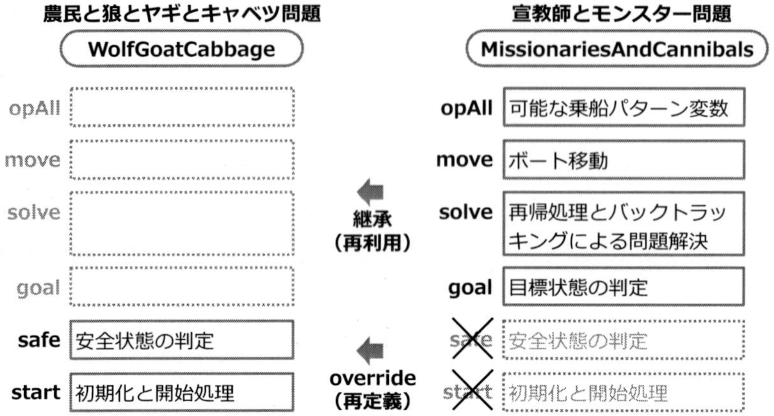

図 3-12　オブジェクト指向による機能継承と再定義

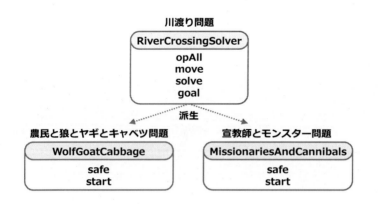

図 3-13　汎用機能をスーパークラスとした問題解決のオブジェクト指向設計

第 4 章 ゲーム木理論

4.1 ゼロサムゲーム

❏ 二人零和有限確定完全情報ゲーム

　ゼロサムゲーム（zero-sum game，ゼロ和ゲーム）は，複数人によるゲームにおいて全員の利益の総和がゼロになるものです。例えば 2 人のジャンケンで勝ちを+1，負けを-1，引き分けを±0 とすると，両者の得点は足すと常にゼロになります。これは引き分けない限りどちらかが勝って利益を得て，他方が負けて損失することを意味しています。

　チェス，オセロ，将棋，囲碁，三目並べなどは 2 人で行うゼロサムゲームであり，二人零和有限確定完全情報ゲームと呼ばれます。これは，次のような性質をもつゲームです。

　　●二人零和有限確定完全情報ゲーム
- 　2 人で行う
- 　ゼロサムゲームであり
- 　すべての手の組み合わせが有限であり
- 　理論的にすべて先読み可能であり
- 　運の要素が無く
- 　相手が取った意思決定状態を知ることがでる

　今回は人とゼロサムゲームを対戦するコンピュータプログラムをテーマにします。コンピュータの戦略として，常に最良の手を選択して，膨大な手の組み合わせの中から効率よく探索することを目標にします。対象として，三目並べを取り上げてプログラミングしてみましょう。

　三目並べの取り得る手は，図 4-1 のような組み合わせによるゲーム木で表現で

き，取り得る手（マス目の数や置けるコマの種類など）の多さによってゲーム木の規模が大きくなります。

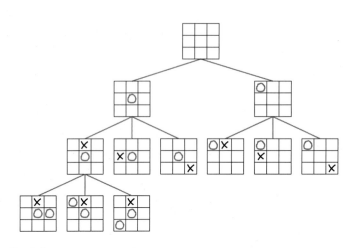

図 4-1　ゲーム木

　なお，全員が負ける可能性がある非ゼロサムゲームの例としては，「囚人のジレンマ」などがあります。2 人の囚人がいて 2 人が罪を黙秘すれば懲役 2 年。1 人が自白すれば釈放され他方が懲役 5 年。2 人とも自白すると 2 人とも懲役 10 年となるルールです。

4.2　TicTacToe

❏ ルールと勝敗

　TicTacToe は三目並べゲームであり，図 4-2 のような 3×3 のマス目に 2 人が交互に印をつけ，縦横斜めのいずれかで 3 つ並ぶと勝ちとなるゼロサムゲームです。なお 2 人が最良の手を打っていくと引き分けとなる性質を持っています。

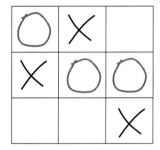

図4-2 TicTacToe ゲーム

❏ TicTacToe 基本プログラム

　まず, 基本機能バージョンによる TicTacToe プログラムをリスト 4-1 に示します。これは人とコンピュータの対戦プログラムで, ユーザが行と列番号を入力し, コンピュータはランダムにコマを置きます。このバージョンをもとにゲーム戦略を実装していきます。

リスト 4-1　TicTacToeApp.java　TicTacToe 基本プログラム

```
package ex04;

import java.util.Scanner;

import my.Cons;

// TicTacToe基本バージョンクラス
class TicTacToe {
  // 3x3ゲーム盤(2次元配列)
  Character[][] bd = Cons.makeCharArray2(3, 3, ' ');

  // 勝ちの添え字パターン生成
  Cons a = Cons.of(0,1,2);
  Cons pat =  new Cons(
       a.map(x -> Cons.of(x, x)),              // 斜め3マス
       a.map((Integer x) -> Cons.of(2-x, x)),  // 斜め3マス
       a.map(r -> a.map(c -> Cons.of(r,c))).   // 水平3マス × 3
```

80　第 4 章　ゲーム木理論

```java
      append(a.map(c -> a.map(r -> Cons.of(r,c)))));// 垂直3マス × 3

  boolean playing = true;       // ゲーム続行フラグ
  char winner = ' ';            // 勝者格納用
  Scanner scan;                 // キー入力先

  boolean goal(char p) {        // 勝者判定(3マス並んだか)
    return pat.exists((Cons t) ->
        t.forall((Cons a) -> bd[a.getI(0)][a.getI(1)] == p));
  }

  boolean fin() {               // 終了判定(もう置けないか)
    return !Cons.range(0, 3).exists((Integer r) ->
        Cons.range(0, 3).exists((Integer c) -> bd[r][c] == ' '));
  }

  void computer(char p) {       // コンピュータの手(ランダム)
    Cons free = Cons.range(0, 3).flatMap((Integer r) ->
            Cons.range(0, 3).map((Integer c) -> Cons.of(r, c)))
            .filter((Cons x) -> bd[x.getI(0)][x.getI(1)] == ' ');
    Cons f = (Cons)free.get((int)(Math.random() * free.length()));
    int r = f.getI(0);
    int c = f.getI(1);
    bd[r][c] = p;
    System.out.println("computer:" + p + " = " + r + "," + c);
  }

  void human(char p) {                        // 人間の手(行, 列のキー入力)
    System.out.print("row col =>");
    int r = scan.nextInt();                   // キー入力データをrに格納
    int c = scan.nextInt();                   // キー入力データをcに格納
    if (bd[r][c] == ' ') bd[r][c] = p;
    else human(p);                            // 置けない場所なので再試行
  }

  char turn(char p) {                         // プレイヤー交代
    return p == '○' ? '×' : '○';
  }

  void disp() {                               // 盤表示
```

```
      System.out.println(
          Cons.fromArray(bd).map((Character[] x) ->
            Cons.fromArray(x).mkString(" | ")).mkString("¥n"));
  }

  void play() {                                   // ゲームメインループ
    scan = new Scanner(System.in);                // キー入力
    char p = '○';                                 // 最初のプレイヤー設定
    disp();                                        // 盤を表示
    do {
      if (p == '○') human(p);                     // ○なら人間が打つ
      else computer(p);                            // ×ならコンピュータが打つ
      disp();                                      // 盤の状態を表示
      if (goal(p)) {                               // 勝ったか？
        winner = p;
        playing = false;
      } else if (fin()) {                          // 終了したか？
        playing = false;
      } else {
        p = turn(p);                               // プレイヤー交代
      }
    } while (playing);
    if (winner != ' ') System.out.println(winner + " Win!");
    else System.out.println("drawn");
    scan.close();
  }
}

// アプリケーション起動クラス
public class TicTacToeApp {
  public static void main(String[] args) {
    new TicTacToe().play();
  }
}
```

実行結果

```
  |  |
  |  |
  |  |
row col =>1 1     … 1 1 がユーザの入力部分
```

82　第 4 章　ゲーム木理論

```
  |　|
  |○|
  |　|
computer:× = (1,0)
  |　|
×|○|
  |　|
    :
　(途中省略)
    :
row col =>0 2
○|○|○
×|○|
  |×|×
○ Win!
```

　変数 bd はゲーム盤の 2 次元配列であり，初期状態で空白文字が入っています。
配列作成には，Cons クラスの makeCharArray2 メソッドを使用します。

---

makeCharArray2 メソッド（Cons クラス）

```
Character[][] bd = Cons.makeCharArray2(3, 3, ' ')
        => {{ ' ', ' ', ' ' },{ ' ', ' ', ' ' },{ ' ', ' ', ' ' }}
```

---

　bd には，コマを表す「○」「×」がそのまま文字として格納されていきます。変
数 pat は 3 目並んだかを調べるための添え字パターンで，次のような整数 2 個に
よるリスト×3×8 パターンのリストで構成されます。

```
(((0,0),(1,1),(2,2)),((2,0),(1,1),(0,2)),                        …斜め
 ((0,0),(0,1),(0,2)),((1,0),(1,1),(1,2)),((2,0),(2,1),(2,2)),…横
 ((0,0),(1,0),(2,0)),((0,1),(1,1),(2,1)),((0,2),(1,2),(2,2)))…縦
```

---

　computer メソッドは，空いているマスの一覧リストを作り，ランダムで 1 つを
選んで bd に「×」を格納します。human メソッドはキーボードから 0，1，2 の行
と列の番号を入力し bd に「○」を格納します。play メソッドはゲームループで

あり，繰り返すたびにプレイヤーをターンさせ computer と human を交互に呼んでいきます。ゲームループは図 4-3 のようなフローチャート（流れ図）で表されます。

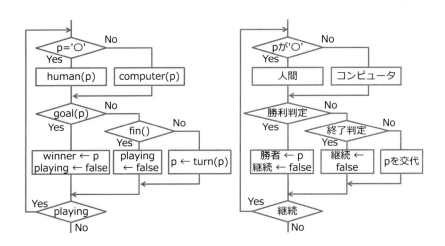

図 4-3　ゲームループのフローチャート（右：日本語化した内容）

computer，human メソッドは汎用的な作りになっており，引数にコマの種類を与えます。これによって例えば human の呼び出しを次のように computer に置き換えるとコンピュータどうしの対戦になります。

```
if (p == '○')  computer(p);    … 試しにhumanをcomputerに置き換えてみた
else           computer(p);
```

❏ TicTacToe グラフィックスプログラム

リスト 4-2 はグラフィックスによるバージョンです。図 4-4 のようなグラフィックスウィンドウで表示し，キーボード入力からマウスクリックに操作方法を変更しています。途中経過や勝敗などの状況はコンソールに表示します。グラフィックス処理には JavaFX を用い，多くの機能を TicTacToe クラスから継承したオ

ブジェクト指向スタイルのプログラミングを行います。

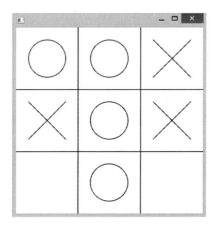

図 4-4 　 TicTacToe グラフィックスプログラムの実行画面

リスト 4-2 　 TicTacToeGraphicsApp.java 　 TicTacToe グラフィックスプログラム

```java
package ex04;

import javafx.application.Application;
import javafx.application.Platform;
import javafx.scene.Scene;
import javafx.stage.Stage;
import javafx.scene.layout.StackPane;
import javafx.scene.canvas.Canvas;
import javafx.scene.canvas.GraphicsContext;
import javafx.scene.input.MouseEvent;
import javafx.event.EventHandler;

// TicTacToeから派生させたグラフィックスバージョンクラス
class TicTacToeGraphics extends TicTacToe {
  TicTacToeGraphicsApp app;
  int selR = -1, selC = -1;                      // マウス選択位置(行,列)

  public TicTacToeGraphics(TicTacToeGraphicsApp app) {
    this.app = app;
  }
```

```java
  void human(char p) {                          // 人間の手
    selR = -1;                                  // 未選択状態にしておく
    while (selR == -1) {                         // マウス選択を待つ
      try {
        Thread.sleep(100);
      } catch (InterruptedException e) {
        e.printStackTrace();
      }
      if (!playing) return;                     // ゲーム強制終了なら戻る
    }
    if (bd[selR][selC] != ' ') human(p);        // 空白でないので再試行
    else bd[selR][selC] = p;                     // 空白ならマーク代入
    System.out.println("human   :" + p + " = " + selR + "," + selC);
  }

  void disp() {
    Platform.runLater(new Runnable(){ //JavaFXアプリケーションスレッドで実行
      public void run() {
        app.draw(bd);                            // 描画処理
      }
    });
  }
}

// グラフィックスウィンドウアプリケーションクラス
public class TicTacToeGraphicsApp extends Application {
  int w = 300, h = 300;
  GraphicsContext g;                             // 描画コンテキスト
  TicTacToeGraphics game;                        // ゲームオブジェクト

  public static void main(String[] args) {
    launch(args);                                // JavaFXアプリケーションスレッド起動
  }

  public void initGame() {
    game = new TicTacToeGraphics(this);
  }

  public void start(Stage stage) {               // 開始処理
```

86 第 4 章 ゲーム木理論

```java
    Canvas canvas = new Canvas(w, h);          // 描画キャンバス作成
    g = canvas.getGraphicsContext2D();
    StackPane pane = new StackPane();
    pane.getChildren().add(canvas);
    stage.setScene(new Scene(pane));
    stage.show();

    new Thread() {                             // ゲームスレッド生成
      public void run() {
        initGame();
        game.play();                           // ゲームスレッド内でゲーム実行
      }
    }.start();                                 // ゲームスレッド開始

    pane.setOnMouseClicked(new EventHandler<MouseEvent>() {
      public void handle(MouseEvent e) {       // クリック時の処理
        if (game.selR == -1) {                 // 未選択状態なら
          game.selC = (int)(e.getX() / w * 3);
          game.selR = (int)(e.getY() / h * 3);
        }
      }
    });
  }

  public void stop() { game.playing=false; }// 終了させる(継続フラグオフ)

  void draw(Character[][] bd) {                // ゲーム盤描画
    int dw = w / 3, dh = h / 3;
    g.clearRect(0, 0, w, h);
    for (int i = - 1; i < 3; i++) {            // 罫線描画
      int x = i * dw, y = i * dh;
      g.strokeLine(x, 0, x, h);
      g.strokeLine(0, y, w, y);
    }
    double mw = dw * 0.6, mh = dh * 0.6;
    for (int r = 0; r < 3; r++) {              // コマの描画
      for (int c = 0 ; c < 3; c++) {
        if (bd[r][c] != ' ') {                 // マスが空でなければ
          double x1 = c*dw + (dw-mw)*0.5, y1 = r*dh + (dh-mh)*0.5;
          double x2 = x1 + mw, y2 = y1 + mh;
          if (bd[r][c] == '○') {               // ○を描く
```

```
            g.strokeOval(x1, y1, mw, mh);    // 円
        } else if (bd[r][c] == 'x') {        // ×を描く
            g.strokeLine(x1,y1,x2,y2);       // 線
            g.strokeLine(x2,y1,x1,y2);
        }
      }
    }
  }
 }
}
```

　ゲームのロジックにグラフィックス処理を加え，Windows アプリケーションと
して機能させると，プログラムは複雑になっていきます。そこで，このプログラ
ムは JavaFX によるグラフィックス処理とゲーム処理をマルチスレッドで分離す
ることで，複雑なプログラムをシンプルに記述できるようにしています。

　TicTacToeGraphics クラスは TicTacToe から派生させており，play メソッド
をはじめ多くの機能を継承します。各メソッドは，ゲームのロジックとしてゲー
ムスレッド側で動作します。オーバーライドしたメソッドには human, disp があ
ります。

　human メソッドはキーボード入力に代わってマウス選択を待つループ処理にな
っています。マウス選択されたかは変数 selR, selC に選択位置が格納されたか
で判断します。

　disp メソッドはコンソール出力に代わってグラフィックス描画します。disp
は，ゲームエンジンである play メソッドのなかから呼び出されます。disp が単
純にグラフィックス描画を行うと，ゲームスレッドで描画することになります。
JavaFX では複数のスレッドから描画すると競合してしまうので，今後の発展も考
慮し次のように，Platform.runLater を使って，disp が実行されるゲームスレ
ッドではなく，JavaFX アプリケーションスレッドで描画されるようにします。

```
Platform.runLater(new Runnable(){ //JavaFXアプリケーションスレッドで実行
  public void run() {
    app.draw(bd);                        // 描画処理
  }
});
```

88 第 4 章 ゲーム木理論

TicTacToeGraphicsApp クラスは，グラフィックス処理として JavaFX アプリ
ケーションスレッド側で動作します。こちらがプログラムのメインスレッドにな
りますので，その開始処理である start メソッド内で，サブスレッドとなるゲー
ムスレッドを次のように生成します。生成したスレッド内では，initGame メソッ
ドによって，ゲームロジックである TicTacToeGraphics クラスのオブジェクト
変数 game を初期化し，その後，オブジェクト変数 game に対し play メソッドを
呼び出します。

```
new Thread() {                        // ゲームスレッド生成
  public void run() {
    initGame();                       // ゲーム初期化
    game.play();                      // ゲームスレッド内でゲーム実行
  }
}.start();                            // ゲームスレッド開始
```

ユーザインタフェース（UI）については JavaFX アプリケーションスレッド側
で処理しますので，次のようにマウスイベント処理を実装します。これは，マウ
スクリック時に，マウス座標からゲーム盤の行列位置を求め，変数 selR, selC に
選択位置を格納する処理です。

```
pane.setOnMouseClicked(new EventHandler<MouseEvent>() {
  public void handle(MouseEvent e) {      // クリック時の処理
    if (game.selR == -1) {                // 未選択状態なら
      game.selC = (int)(e.getX() / w * 3); // x座標から行の位置計算
      game.selR = (int)(e.getY() / h * 3); // y座標から列の位置計算
    }
  }
});
```

draw メソッドは，ゲーム盤の状態をグラフィックス描画します。JavaFX の描
画 API として，ゲーム盤消去に clearRect，線描画に strokeLine，円描画に
strokeOval を使用しています。

図4-5 にスレッドに注目したクラス構成を表します。`TicTacToeGraphicsApp`クラスは，JavaFXアプリケーションスレッドの処理内容として`start`メソッドがグラフィックスウィンドウの作成，`draw`メソッドが再描画処理本体の実装です。`TicTacToeGraphics`クラスは，ゲームスレッドの処理内容として，`human`メソッドでユーザ入力処理を行い，`disp`で描画処理を行います。`play`メソッドは，スーパークラスである`TicTacToe`クラスの`play`を継承しています。

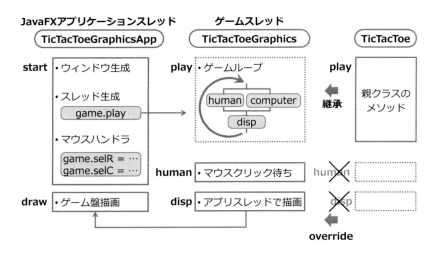

図4-5　TicTacToe グラフィックスプログラムのクラスとスレッド

4.3 ミニマックス戦略

❑ 最良の手を打つ戦略

では，コンピュータを強くしてみましょう。ランダムな手では勝ちは偶発的であり，考えてプレイする人間にはかないません。そこで勝つために何かを優先して戦うこと，つまり戦略を持たせてみます。

ミニマックス戦略（`minmax strategy`）は最良の手を選択することを基本とし

た手法です。各局面を数値化し，数手先まで読みその選択肢の中から自分の手が最大（Max）で，かつ相手の手が自分にとって最小（Min）になる選び方をします。自分にとっての最小は相手にとっての最大であり，両者が常に最良の手を打つシナリオを想定してシミュレートします。

図4-6は3手先まで読んだときのゲーム木です。ここでは自分がコンピュータであり，相手が人間です。1手先は自分の手，2手先はそれに対する相手の手，そして3手先はさらにそれに対する自分の手にあたります。

まず3手先である最深部（レベル3）において，評価値（有利さを計算したもの）の最大値Maxを枝別れしたグループ内から選択します。この最大値が自分の最良の手です。その値を1つ上（レベル2）の評価値として決定します。レベル2では逆に最小値Minを選択します。この最小値が相手の最良の手であり，相手がこう打つであろうという予測計算をすることを意味します。これを1つ上のレベル1の評価値として決定します。そしてレベル1では再び最大値Max，つまり自分の最良の手を選択します。こうして3手先で自分が最良の局面を迎えるためのコンピュータの次の一手が決定します。

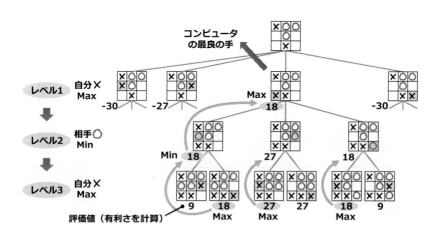

図4-6　ミニマックス戦略

❏ TicTacToe ミニマックスプログラム

リスト 4-3 はミニマックス戦略を実装した TicTacToe のバージョンです。TicTacToeMinMax クラスはグラフィックスバージョンから派生させています。

リスト 4-3　TicTacToeMinMaxApp.java　TicTacToe ミニマックスプログラム

```java
package ex04;

import my.Cons;

// TicTacToeミニマックスバージョンクラス(TicTacToeGraphicsから派生)
class TicTacToeMinMax extends TicTacToeGraphics {
  public TicTacToeMinMax(TicTacToeMinMaxApp app) {
    super(app);
  }

  int f(char p, Cons t) {                        // 評価値計算
    int self = t.count((Cons a) -> bd[a.getI(0)][a.getI(1)] == p);
    int free = t.count((Cons a) -> bd[a.getI(0)][a.getI(1)] == ' ');
    int other = 3 - self - free;
    if (self > 0 && other == 0) return (int)Math.pow(3,self);
    else if (other > 0 && self == 0) return -(int)Math.pow(3,other);
    else return 0;
  }

  int eval(char p) {                             // 全パターンの評価値合計
    return pat.map((Cons t) -> f(p, t)).sum();
  }

  Cons search(char p, char psw, int level) {  // 次の手の探索
    boolean myTurn = psw == p;
    Cons minmax = Cons.of(0, 0, myTurn ?
                    Integer.MIN_VALUE: Integer.MAX_VALUE);
    int count = 0;
    for (int r = 0; r < 3; r++) {
      for (int c = 0; c < 3; c++) {
        if (bd[r][c] == ' ') {        // 空のマスのみ調べる
          bd[r][c] = psw;             // マスにコマを置く(シミュレーション開始)
          int v;
```

```
                    if (level == 1 || goal(psw) || fin()) {
                        count += 1;                        // 探索回数のカウント
                        v = eval(p);                       // 評価値計算
                    } else {                               // 再帰的に探索
                        Cons v1 = search(p, turn(psw), level-1);
                        count += v1.getI(1);               // 再帰的なカウント加算
                        v = v1.getC(0).getI(2);            // 再帰的な評価値
                    }
                    bd[r][c] = ' ';              // マスを空に戻す(シミュレーション終了)
                    if (myTurn && v > minmax.getI(2)
                            || !myTurn && v < minmax.getI(2)) {
                        minmax = Cons.of(r, c, v);// 評価値が良ければ, 最良の手にする
                    }
                }
            }
        }
        return Cons.of(minmax, count);        // 最良の手と探索回数を返す
    }

    void computer(char p) {                   // コンピュータの手(最良の手を探索)
        Cons s = search(p, p, 3);             // 3手先まで読む
        computerResult(p, s);
    }

    void computerResult(char p, Cons s) {     // コンピュータの手の結果設定
        Cons mx = s.getC(0);
        int cnt = s.getI(1);
        int r = mx.getI(0);
        int c = mx.getI(1);
        bd[r][c] = p;
        System.out.println("computer:" + p + " = "
                            + r + "," + c + " search = " + cnt);
    }
}


// グラフィックスウィンドウアプリケーションクラス
public class TicTacToeMinMaxApp extends TicTacToeGraphicsApp {
    public static void main(String[] args) {
        launch(args);                         // JavaFXアプリケーションスレッド起動
    }
```

4.3 ミニマックス戦略　93

```java
  public void initGame() {
    game = new TicTacToeMinMax(this);     // ゲームオブジェクトを生成
  }
}
```

実行結果

```
human   :○ = (1,1)
computer:× = (0,0) search = 336
human   :○ = (0,1)
computer:× = (2,1) search = 105
human   :○ = (0,2)
computer:× = (2,0) search = 21
human   :○ = (1,0)
computer:× = (2,2) search = 2
× Win!
```

　大きな変更点である computer メソッドは，そこから呼び出される search メ
ソッドがコンピュータにとって最良の一手を探索します。search では空のマスに
コマを置くシミュレーションを level 回先まで再帰的に行います。そして評価値
を計算し，ミニマックス戦略によってコンピュータが最大に，人間が最小になる
ような手を選択します。

　図 4-7 は評価値計算によってコンピュータが最大になる手を選択する場合です。
f メソッドは縦横斜めの「ある 3 目パターン」において，自分（コンピュータ）側
に次のように得点を付けます。

　　× × ×　　= 27 点
　　× ×空　　= 9 点　　　…（空は空白のマスを意味する）
　　×空空　　= 3 点

　相手（人間）側も，次のように同様の得点付けをマイナス点として求めます。な
お，「○×」混在の部分の得点はゼロとします。

　　○○○　　= -27 点

94　第 4 章　ゲーム木理論

〇〇空　=　-9 点
〇空空　=　-3 点

〇〇×　=　0 点
〇×空　=　0 点

　そして，eval メソッドが f メソッドによって得られた全パターンの得点の総和を計算し，その局面の評価値とします。なお，今回の計算法では，同じコマの連続数を n とすると，3 の n 乗で計算しています。このような評価値計算の方法は特に決まっていませんので，自分なりの重み付け計算など考えてみるといいでしょう。

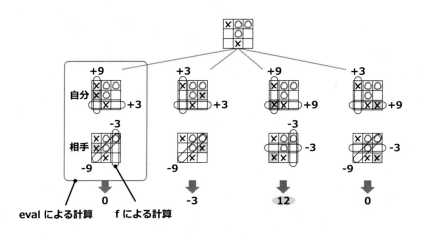

図 4-7　評価値の計算

　eval メソッドの処理内容は，図 4-8 のようにすべての 3 目並びパターン位置について，map メソッドを使い，それぞれ f メソッドで得たすべての値のリストを作り，sum メソッドによって総合計を求め，その局面の評価値とします。map メソッドには f メソッドで得点を求めるラムダ式を与えています。なお，Cons クラスの sum メソッドは，次のようにリスト要素の合計値を求めます。

```
sum メソッド（Cons クラス）
a            => (1, 2, 0, -1, 3)
a.sum()      => 5
```

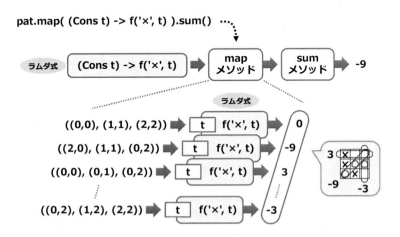

図 4-8　eval メソッドの計算処理

　search メソッドは，結果を(minmax, count)というリストで返します。minmax は(行，列，評価値)という形式で，最大の手，あるいは最小の手を表します。count は全探索回数がカウントされます。これは次節のアルファベータカットとの比較用に表示するものです。実行結果では，3 手先まで読む場合，初回は 336 回と探索回数が多い状況となっています。

4.4　アルファベータカット

❏ 目的とアルゴリズム

　ミニマックスによる探索の場合，三目並べよりも状態空間の大きなゲームでは

探索コストが増加します。アルファベータカット（アルファベータ法，alpha-beta pruning）は，ゲーム木から探索する必要のない枝をカット（枝刈り）することで探索効率と実行速度を向上させます。ミニマックスの処理で最大値（最小値）の手を探す場合，現在の評価値よりも小さい（大きい）値は選択されないことがわかっているので，評価値より小さく（大きく）なった場合はそこで探索を打ち切ります。この操作をαカット（βカット）と呼びます。

例えば図 4-9 において，最小値 Min を選ぶレベルで現在「0」が得られた状態だとします。最小値を選ぶレベルの下位レベルでは最大値 Max が選択されるため，「3」が出現すると，少なくとも「3」以上のものが下位レベルの最大値に決定するはずです。このとき，上位レベルでは最小値を選択します。

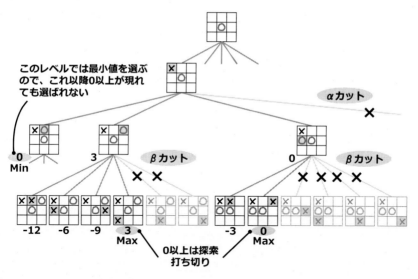

図 4-9　アルファベータカット

上位レベルでは現在「0」が最小値候補であり，これより大きい値は選択されません。よって「3」は「0」より大きいので選ばれることは決してないのです。つまりこれ以上の下位レベル探索は無意味であることが判明します。こうしてβカットによって探索を打ち切ることができます。

このようにして，すべてを探索するのではなく状況を判断しながら効率よく処

4.4 アルファベータカット　97

理を行います。3 目並べでなくチェスや将棋であればゲーム木は広大な探索空間
となります。問題が複雑になると膨大な計算量になってしまうので，このような
手法が有効です。

❏ TicTacToe アルファベータカットプログラム

リスト 4-4 はアルファベータカットを実装した TicTacToe のバージョンです。
TicTacToeAlphaBeta クラスはミニマックスバージョンから派生させています。

リスト4-4　TicTacToeAlphaBetaApp.java　TicTacToe アルファベータカットプログラム

```java
package ex04;

import my.Cons;

// TicTacToeアルファベータ刈りバージョンクラス(ミニマックスバージョンから派生)
class TicTacToeAlphaBeta extends TicTacToeMinMax {
  public TicTacToeAlphaBeta(TicTacToeAlphaBetaApp app) {
    super(app);
  }

  Cons searchAB(char p, char psw, int level, int alphaOrBeta) {
    boolean myTurn = psw == p;
    Cons minmax = Cons.of(0, 0, myTurn ?
        Integer.MIN_VALUE: Integer.MAX_VALUE);
    int count = 0;
    for (int r = 0; r < 3; r++) {
      for (int c = 0; c < 3; c++) {
        if (bd[r][c] == ' ') {        // 空のマスのみ調べる
          bd[r][c] = psw;             // マスにコマを置く(シミュレーション開始)
          int v;
          if (level == 1 || goal(psw) || fin()) {
            count += 1;                       // 探索回数のカウント
            v = eval(p);                      // 評価値計算
          } else {
            // 再帰的に探索
            Cons v1 = searchAB(p, turn(psw),
                    level-1, minmax.getI(2));
            count += v1.getI(1);      // 再帰的なカウント加算
```

```
                v = v1.getC(0).getI(2);          // 再帰的な評価値
            }
            bd[r][c] = ' ';                  // マスを空に戻す（シミュレーション終了）
            if (myTurn && v >= alphaOrBeta ||
                !myTurn && v <= alphaOrBeta) {
                // これ以上の探索を打ち切って結果を返す
                return Cons.of(Cons.of(r, c, v), count);
            }
            if (myTurn && v > minmax.getI(2) ||
                !myTurn && v < minmax.getI(2)) {
                minmax = Cons.of(r, c, v);// 評価値が良ければ，最良の手にする
            }
        }
      }
    }
    return Cons.of(minmax, count);            // 最良の手と探索回数を返す
  }

  // コンピュータの手（最良の手を探索，最適な探索回数で）
  void computer(char p) {
    Cons s = searchAB(p, p, 3, Integer.MAX_VALUE);  // 3手先まで読む
    computerResult(p, s);
  }
}

// グラフィックスウィンドウアプリケーションクラス
public class TicTacToeAlphaBetaApp extends TicTacToeMinMaxApp {
  public static void main(String[] args) {
    launch(args);                       // JavaFXアプリケーションスレッド起動
  }

  public void initGame() {
    game = new TicTacToeAlphaBeta(this);      // ゲームオブジェクトを生成
  }
}
```

実行結果

```
human   :○ = (1,1)
computer:× = (0,0) search = 170
human   :○ = (0,1)
```

```
computer:× = (2,1) search = 85
human   :○ = (0,2)
computer:× = (2,0) search = 13
human   :○ = (1,0)
computer:× = (2,2) search = 2
× Win!
```

　ミニマックスバージョンの search メソッドに対し，アルファベータカットの searchAB メソッドで異なるのは，新たな引数 alphaOrBeta が増えたことと，次のような探索打ち切り処理が追加されたことです。それ以外の部分はミニマックスバージョンの search メソッドと同じです。引数 alphaOrBeta としてアルファ値（ベータ値）を渡し，これを基準に下位レベルの探索打ち切りを判定しています。

```
if (myTurn && v >= alphaOrBeta || !myTurn && v <= alphaOrBeta) {
    // これ以上の探索を打ち切って結果を返す
    return Cons.of(Cons.of(r, c, v), count);
}
```

　次の一手を決定する判断能力に違いはありませんが，実行結果を見てみると，初手探索はミニマックスバージョンよりも 336→170 と探索回数が削減されており，より高速に最良の手を見つける処理になっています。これが，チェスや将棋のような広大な探索空間のゲームになると，処理速度は非常に重要になってきます。

第 5 章　推論と知識ベース

5.1　推論エンジン

❏ プロダクションシステムと推論エンジン

　人工知能の代表的な情報処理システムにエキスパートシステム（専門家システム，expert system）があります。これは人の持つ複雑な知識をデータ表現し，それらの知識を利用した意思決定システムとして，例えば故障診断や化学構造分析，あるいはゲームなどの応用があります。エキスパートシステムの知識データ処理では「推論」によって答えを導き出すプロダクションシステム（production system）という手法が用いられています。

　プロダクションシステムはルールベースの推論システムであり，図 5-1 のように人の経験知識にもとづく「ルール」を蓄えた知識ベース（knowledge base），状況を表す「事実」を格納するワーキングメモリ，それらをもとに論理的な「推論」を行う推論エンジン（inference engine）で構成されます。

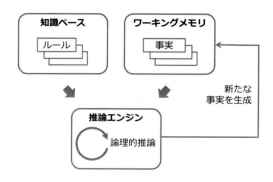

図 5-1　プロダクションシステムによる推論処理

しくみは 3 段論法のように，現在存在する事実に対してルールをあてはめて推論処理を実行し，その結果として新事実が導き出されます。そして導き出された新事実をもとにさらにルールと他の事実を照らし合わせて推論が進行し，事実が次々と生成されていきます。こうした事実生成によって，何が言えるのか，答えは何か，といった推論による問題解決に利用できます。

このような知的情報処理は人間も行っており，コンピュータによる模倣と言ってよいでしょう。状況が複雑な場合，人間には解決困難であってもコンピュータは見落とすことなく結果を導き出します。

プロダクションシステムにおいて，知識は図 5-2 のようなルール情報として表現され，また事実は図 5-3 のように表現されます。

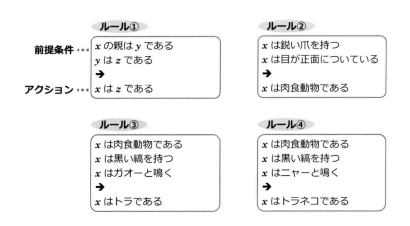

図 5-2 知識のルール表現

図 5-3 事実の表現

各ルールは前提条件とアクション（結論）で構成されます。推論では前提条件に一致する事実が存在すればアクションによって新事実が生成されます。ルールには x，y，z などの変数を含めることができます。

例えば、次のようにルール②に対して、事実①、事実②を適用すると、推論により新事実が導き出されます。この場合ルールの変数 x には momo が代入されます。

ルール② 「x は鋭い爪を持つ」「x は目が正面についている」→「x は肉食動物である」

事実① 「momo は鋭い爪を持つ」
事実② 「momo は目が正面についている」

推論結果
新事実 「momo は肉食動物である」

このような手順を繰り返し実行すると、図 5-4 のような推論結果が得られます。

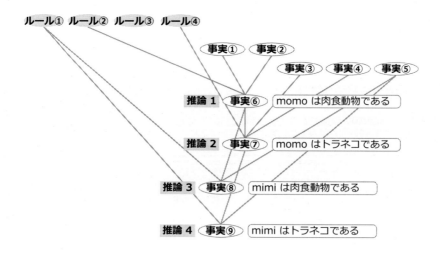

図 5-4 プロダクションシステムによる推論結果

ルールが増加していくと，複雑化した因果関係による情報量が多くなり，もはや人間の思考能力では対応できません。推論エンジンは論理的思考と多大な知識量という，まさに特別な専門家でしか対処できないような知識処理を人間に代わってこなすことができます。

❏ 前向き推論と後ろ向き推論

推論には前向き推論（forward chaining）と後ろ向き推論（backward chaining）があります。前向き推論は，次のようにルールと事実から何らかの新事実を結果として導き出す演繹法による推論です。「A ならば B，B ならば C，ゆえに A ならば C である」という論法で推論し，どんな事実が生成されるかは推論を実行してみないとわかりません。

前向き推論

ルール 「x は鋭い爪を持つ」「x は目が正面についている」→「x は肉食動物である」

    ↓　　…（すべてのルールを試して推論してみる）

事実 「momo は鋭い爪を持つ」

事実 「momo は目が正面についている」

    ↓

推論結果

新事実 「momo は肉食動物である」

一方，後ろ向き推論とは，先に結論を仮定してその結論が得られるために必要な事実は何であるかを導き出す帰納法による推論です。つまり「A ならば C であるためには A ならば B である必要があり，B ならば C である必要がある」というような論法です。これは次のように質問に対する解を求める推論形式で，ちょうど前向き推論とは逆のアプローチによるものです。

後ろ向き推論

質問 「momo は ？ である」

   ↓　　…（ルールの結論部分に該当するものを探す）

104 第 5 章 推論と知識ベース

```
ルール    「x は肉食動物である」←「x は鋭い爪を持つ」「x は目が正面についている」
          ↓  …（ルールが成立するための前提となる事実を探す）
事実     「momo は鋭い爪を持つ」
事実     「momo は目が正面についている」
          ↓
推論結果
新事実    「momo は肉食動物である」
          ↓  …（変数 ? が決定し，解が得られる）
解答     ? = 肉食動物
```

5.2 前向き推論

❏ 前向き推論エンジンプログラム

　リスト **5-1** は前向き推論エンジンのプログラムです。このプログラムを使って後で用意するルールと事実をもとに推論を実行することができます。

リスト 5-1　InferenceEngineForward.java　前向き推論エンジンプログラム

```java
package ex05;

import my.Cons;

// 前向き推論エンジンクラス
public class InferenceEngineForward {
  Cons rules;          // ルール
  Cons facts;          // 事実

  Cons ruleReader(String[][] s) {          // ルールデータの読み取り
    return Cons.fromArray(s).map((String[] x) ->
           Cons.fromArray(x).map((String y) ->
             Cons.fromArray(y.split(" ")))
           .split((Cons z) -> z.equals(Cons.of("->"))));
  }
```

5.2 前向き推論　105

```
Cons factReader(String[] s) {          // 事実データの読み取り
  return Cons.fromArray(s).map((String x) ->
          Cons.fromArray(x.split(" ")));
}


String getEnv(Cons env, String var) {  // 環境変数から値を参照
  if (env == Cons.Nil)
    return null;                       // 最後まで見つからなければnullを返す
  else if (env.getC(0).head.equals(var))
    return env.getC(0).getS(1);        // 見つかったら変数の値を返す
  else return getEnv(env.tail, var);   // 残りの環境変数リストを調べる
}

Cons patMatch(Cons p1, Cons p2, Cons env) {    // パターンマッチ
  if (p1 == Cons.Nil && p2 == Cons.Nil)
    return env;                        // 両方が空ならマッチング成功
  else if (p1 == Cons.Nil || p2 == Cons.Nil)
    return null;                       // どちらか空なら失敗
  else {
    String a = p1.getS(0);            // 各パターンの先頭をa, bにセット
    String b = p2.getS(0);
    Cons aa = p1.tail;                // 各パターンの残りをaa, bbにセット
    Cons bb = p2.tail;
    if (a.charAt(0) == '$') {          // 環境変数なら
      String val = getEnv(env, a);
      if (val != null) {               // 環境に存在すれば値を取り出し比較
        return b.equals(val) ? patMatch(aa, bb, env) : null;
      } else {                         // 環境に存在しなければ追加
        return patMatch(aa, bb, new Cons(Cons.of(a, b), env));
      }
    } else if (a.equals(b)) return patMatch(aa, bb, env);
                                       // 文字列比較
    else return null;
  }
}


String replaceVar(String s, Cons env) {  // 変数を値に置換
  if (s.charAt(0) == '$') {              // sが環境変数なら値を返す
    String val = getEnv(env, s);
```

106　第 5 章　推論と知識ベース

```java
      return val != null ? val : s;        // 存在しなければsを返す
    } else {
      return s;                            // そのままsを返す
    }
}

Cons applyEnv(Cons action, Cons env) {      // アクションから事実を生成
  if (action == Cons.Nil) return Cons.Nil;
  else return new Cons(replaceVar(action.getS(0), env),
                       applyEnv(action.tail, env));
}

Cons newFacts(Cons actions, Cons env) {     // 新事実生成
  if (actions == Cons.Nil) return Cons.Nil;
  else {
    Cons f = applyEnv(actions.getC(0), env);
                                  // 一つのアクションから事実生成
    if (!facts.contains(f)) {
      return new Cons(f, newFacts(actions.tail, env));
                                          // 新事実なら追加
    } else {
      return newFacts(actions.tail, env);  // 残りのアクションも再帰処理
    }
  }
}

Cons ruleMatch(Cons patterns, Cons env) {   // ルールを試して事実を生成
  if (patterns == Cons.Nil) return Cons.of(env);
  else
    // 前提条件の一つにマッチすれば，残りも調べ，環境変数の組み合わせを生成
    return facts.map((Cons x) ->
            patMatch(patterns.getC(0), x, env))
            .filter((Cons y) -> y != null)
            .flatMap((Cons z) -> ruleMatch(patterns.tail, z));
}

// 前向き推論実行
void forward(String[][] ruleString, String[] factString) {
  rules = ruleReader(ruleString);
  facts = factReader(factString);
  System.out.println("--- 生成された事実 -------------------------");
```

```java
      while (true) {
        // 環境変数の組み合わせを適用する
        if (!rules.exists((Cons r) ->
          ruleMatch(r.getC(0), Cons.Nil).exists((Cons e) -> {
            Cons fact = newFacts(r.tail.getC(0), e);
                                        // 新事実生成を試みる
            if (fact != Cons.Nil) {
              fact.println();
              facts = facts.append(fact);      // 新事実をリストに追加
              return true;
            } else {
              return false;
            }
          }))
        ) return;              // 新事実生成がなければ推論終了
      }
    }

    static String[][] ruleData = {   // ルール
    {
      "$x are mammals",              // x は哺乳類である
      "mammals have lungs",          // 哺乳類は肺を持つ
      "->",                          // ならば
      "$x have lungs"                // x は肺を持つ
    }};

    static String[] factData = {     // 事実
      "mammals have lungs",          // 哺乳類は肺を持つ
      "whales are mammals"           // クジラは哺乳類である
    };

    public static void main(String[] args) {     // 動作テスト
      new InferenceEngineForward().forward(ruleData, factData);
                                        // 前向き推論実行
    }
}
```

実行結果

```
--- 生成された事実 ------------------------
(("whales", "have", "lungs"))            … クジラは肺を持つ
```

108　第 5 章　推論と知識ベース

　ルールと事実は，変数 rules と facts に格納します。それらは文字列データ
（ruleData, factData）から ruleReader と factReader メソッドによって，リ
ストデータに変換しています。文字列で与えるルールの構文は次のような形式で
あり，前提とアクションを（結論）それぞれ 1 個以上の文字列で表現します。各
文字列は空白区切りの単語で表現し，単語に$がつくと変数になります。

```
{
  "$変数 単語 単語 ～",        … 前提（単語か変数で構成）
  "単語 単語 単語 ～",          …    〃
  "->",                        … 前提部とアクション部の区切り
  "$変数 単語 単語 ～"         … アクション
}
```

　ruleReader では，Cons クラスの split メソッドを使ってルールのリストを前
提部とアクション部に分割しています。split は，ラムダ式が真になるリスト要
素の左側と右側をそれぞれリストにまとめます。

split メソッド（Cons クラス）

```
a                             => (1, 2, 3, 4)
a.split((cons x) -> x == 3)   => ((1, 2), (4))


a   => ((($x, are, mammals), (mammals, have, lungs),
        (->),
        ($x, have, lungs)))
a.split((Cons z) -> z.equals(Cons.of("->")))
   => (((($x, are, mammals), (mammals, have, lungs)),
       (($x, have, lungs))))
```

　前向き推論エンジンのメイン処理 forward メソッドでは，変数 rules に格納さ
れているルールの前提部と，変数 facts に格納されている事実を照合し，ルール

のアクション部から新事実を生成します。新事実が導き出されたら facts にそれを追加して，新事実が生成されなくなるまで，この処理を繰り返します。

今，図 5-5 のようなルールと事実のデータがあったとします。これらによる推論過程は，前提①と事実①の照合，前提②と事実②の照合，そしてアクション①を使った事実生成という処理になります。ここでの照合は，推論エンジンの重要な機能であり，パターンマッチングと呼ばれます。

図 5-5　前向き推論のデータ例

パターンマッチングは，2 つが同じパターンであるか判定し，同時に，その時に変数にあてはめた単語の組み合わせを求める処理です。図 5-6 の例では，両方のパターンがマッチングに成功し，結果として環境変数が得られます。

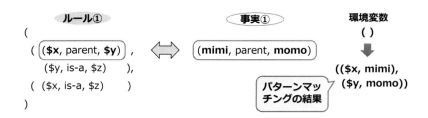

図 5-6　前向き推論のパターンマッチング例(1)

パターンマッチングを処理するのが patMatch メソッドです。patMatch は，図 5-7 のように再帰処理を行います。ルールの前提条件やアクションの 1 文（パターン 1）と事実の 1 文（パターン 2）を引数とし，それらの先頭要素がマッチングすれば，残りのリスト要素に対しても再帰的に調べていきます。再起の最後まで行って両パターンが空リストならマッチングは成功を意味し，片方だけ空リストならパターンの長さが違うため失敗を意味します。

第 3 引数（初期値は空のリスト）は，マッチング途中で出現した変数とその値を環境変数として保持し，次の再帰呼び出しに渡していきます。この例では，最終的なマッチング結果として$x=mimi, $y=momo という変数と値のペアが得られます。つまり 2 つのパターンは$x=mimi かつ$y=momo においてマッチングするという結果を意味します。

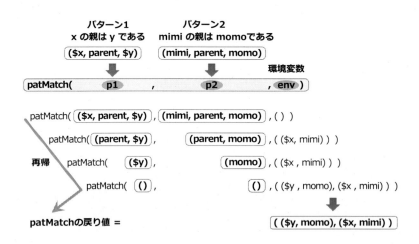

図 5-7　patMatch メソッドの再帰的パターンマッチング処理

patMatch の引数である環境変数の働きについて見てみましょう。一つのルールについてパターンマッチングを進める際，patMatch の初回呼び出しでは，環境変数 env は空のリストです。そして図 5-7 のように(($x,mimi), ($y,momo))が得られます。これを図 5-8 のように次のパターンマッチングを行う際の環境変数の引数とします。ちょうど，複数のパターンマッチングで環境を受け継ぐかたちで，

新たな環境変数の「変数=値」のペアが追加されていきます。

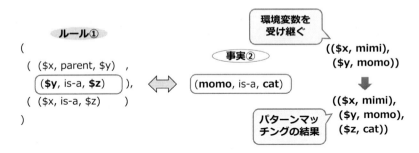

図 5-8　前向き推論のパターンマッチング例(2)

では，図 5-9 ではどうでしょうか。patMatch は，2 つのパターンの先頭要素から比較していき，変数が出現すると，getEnv メソッドを使って現在の環境変数から値を取り出します。この例では，$y と pipi の比較において，環境変数から$y の値を取り出して momo と pipi が等しいかを調べます。するとパターンマッチングは失敗するので，事実③を使った推論はこれ以上できないことが判明します。patMatch は単に照合するだけでなく，それぞれのルールの文脈でパターンマッチングが成立するかを調べます。この文脈情報にあたるのが環境変数です。

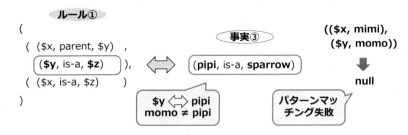

図 5-9　前向き推論のパターンマッチング例(3)

こうして，ルールの前提部のパターンマッチングがすべて成功したら，図 5-10 のようにアクション部に環境変数を適用して新たな事実を生成します。この処理

は、newFacts メソッドによって行います。newFacts では、アクション部の各アクションに対し、下請けメソッド applyEnv メソッドにアクションと環境変数を渡して、事実を作成します。applyEnv 内では、さらに下請けメソッド replaceVar によって変数を値に置換しています。

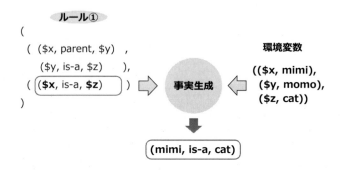

図 5-10　新たな事実生成の例

　推論エンジンのメイン処理である forward メソッドでは、まず、ruleMatch メソッドによってルールの前提部をすべて patMatch で調べ、マッチング結果として前提部全体の環境変数を得ます。
　ruleMatch メソッド内では、図 5-11 のように、前提部である patterns から先頭の 1 パターンを取り出し、すべての事実 facts について、patMatch で照合します。patMatch はマッチングが成功すると環境変数を返し、失敗すると null を返すので、filter メソッドで null 以外のものを処理対象とします。そして、残りの patterns に対しても再帰的に処理し、すべての結果を環境変数のリストにまとめていきます。
　これらは、前提に対する事実を多対多で照合し、あらゆる組み合わせの可能性から推論結果を導き出す複雑な処理ですが、関数型プログラミングスタイルによって、比較的簡潔に記述しています。こうして得られたリストは(環境変数 1, 環境変数 2, …)という形式となり、環境変数が複数生成されます。これは、事実の内容が異なれば変数の値も異なるので、環境変数 1 が$x=mimi, $y=momo、また環境変数 2 が$x=emma, $y=olivia というように、複数の環境の組み合わせが扱

えるようになっています。

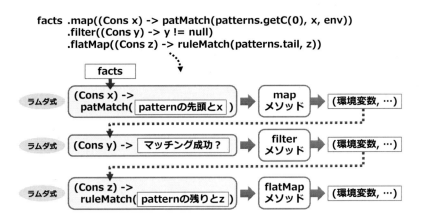

図 5-11　ruleMatch メソッドの関数型プログラミングスタイルによる処理

　ruleMatch で得られた環境変数から，newFacts メソッドよって新事実生成を試みます。newFacts は，ルールのアクション部に対し applyEnv メソッドによって環境変数の値を適用して事実を生成します。なお，アクション部に結論が複数あっても対応可能です。

❑ 前向き推論実行プログラム

　リスト 5-2 およびリスト 5-3 は，前向き推論を実行する 2 種類の実例です。プログラムは，ルールと事実のデータ設定と前向き推論エンジンの呼び出しで構成されます。

リスト 5-2　ForwardChain1App.java　前向き推論実行プログラム（その 1）

```
package ex05;

public class ForwardChain1App extends InferenceEngineForward {
  static String[][] ruleData = {
    {
```

114　第 5 章　推論と知識ベース

```
        "$x parent $y",              // xの親はyである
        "$y is-a $z",                // yはzである
        "->",                        // ならば
        "$x is-a $z"                 // xはzである
    }, {
        "$x has claws",              // xは鋭い爪を持つ
        "$x has forward_eyes",       // xは目が正面についている
        "->",                        // ならば
        "$x is-a carnivore"          // xは肉食動物である
    }, {
        "$x is-a carnivore",         // xは肉食動物である
        "$x has black_stripes",      // xは黒い縞を持つ
        "$x says gaooooo",           // xはガオーと鳴く
        "->",                        // ならば
        "$x is-a tiger"              // xはトラである
    }, {
        "$x is-a carnivore",         // xは肉食動物である
        "$x has black_stripes",      // xは黒い縞を持つ
        "$x says nyaa",              // xはニャーと鳴く
        "->",                        // ならば
        "$x is-a tabby"              // xはトラネコである
    }};

    static String[] factData = {
        "momo has claws",
        "momo has forward_eyes",
        "momo has black_stripes",
        "momo says nyaa",
        "mimi parent momo"
    };

    public static void main(String[] args) {
        new ForwardChain1App().forward(ruleData, factData);
                                       // 前向き推論実行
    }
}
```

実行結果

--- 生成された事実 -------------------------

```
(("momo", "is-a", "carnivore"))    … momoは肉食動物である
(("mimi", "is-a", "carnivore"))    … mimiはmomoの子なので肉食動物である
(("momo", "is-a", "tabby"))        … momoはトラネコでもある
(("mimi", "is-a", "tabby"))        … 同様にトラネコである
```

リスト 5-3　ForwardChain2App.java　前向き推論実行プログラム（その 2）

```java
package ex05;

public class ForwardChain2App extends InferenceEngineForward {
  static String[][] ruleData = {
    {
      "$x は $y である",
      "$y は $z である",
      "->",
      "$x は $z である"
    }, {
      "$x は 羽 を持つ",
      "->",
      "$x は 鳥 である"
    }};

  static String[] factData = {
    "ピヨ は 羽 を持つ",
    "鳥 は 動物 である"
  };

  public static void main(String[] args) {
    new ForwardChain2App().forward(ruleData, factData);
                                    // 前向き推論実行
  }
}
```

実行結果

```
--- 生成された事実 ------------------------
(("ピヨ", "は", "鳥", "である"))       … 羽を持つので鳥である
(("ピヨ", "は", "動物", "である"))     … 鳥は動物なのでピヨも動物である
```

116　第 5 章　推論と知識ベース

5.3　後ろ向き推論

❏ 後ろ向き推論エンジンプログラム

リスト 5-4 は後ろ向き推論エンジンのプログラムです。

リスト 5-4　InferenceEngineBackward.java　後ろ向き推論エンジンプログラム

```java
package ex05;

import my.Cons;

// 後ろ向き推論エンジンクラス（前向き推論エンジンクラスを継承）
public class InferenceEngineBackward extends InferenceEngineForward {
  // パターンマッチ（p1, p2両方に変数可）
  Cons patMatchDual(Cons p1, Cons p2, Cons env, Cons sol) {
    // 両方が空ならマッチング成功
    if (p1 == Cons.Nil && p2 == Cons.Nil) return Cons.of(env, sol);
    // どちらか空なら失敗
    else if (p1 == Cons.Nil || p2 == Cons.Nil)
                                    return Cons.of(null, null);
    else {
      String a = p1.getS(0), b = p2.getS(0);
      Cons aa = p1.tail, bb = p2.tail;
      if (b.charAt(0) == '$') {           // p2側に変数がある場合
        String val = getEnv(sol, b)       // 解答変数を参照
        if (val != null) {                // 解答に存在すれば値を取り出し比較
          return a.equals(val) ? patMatchDual(aa,bb,env,sol) : null;
        } else {                          // 解答に存在しなければ追加
          return patMatchDual(aa,bb,env,new Cons(Cons.of(b,a),sol));
        }
      } else if (a.charAt(0) == '$') {    // p1側に変数がある場合
        String val = getEnv(env, b);      // 環境変数を参照
        if (val != null) {                // 環境に存在すれば値を取り出し比較
          return b.equals(val) ? patMatchDual(aa,bb,env,sol) : null;
        } else {                          // 環境に存在しなければ追加
          return patMatchDual(aa,bb,new Cons(Cons.of(a,b),env),sol);
        }
```

5.3 後ろ向き推論　117

```
    } else if (a.equals(b)) return patMatchDual(aa, bb, env, sol);
                                     // 文字列比較
    else return Cons.of(null, null);
  }
}


// アクションを照合した結果(環境変数, 解答変数)を返す
Cons actionMatch(Cons actions, Cons pat, Cons env, Cons sol) {
  if (actions == Cons.Nil) return Cons.of(null, null);
  else {
    // patMatchDualの結果を返す, 結果がnullならactionMatchの値を返す
    Cons ret = patMatchDual(actions.getC(0), pat, env, sol);
    return !ret.equals(Cons.of(null, null)) ? ret
                  : actionMatch(actions.tail, pat, env, sol);
  }
}


Cons applyVal(Cons sol, Cons env) {  // 解答変数の値を参照する
  // 解答変数の値が変数名ならenvから値を取得して置き換える
  return sol.map((Cons s) -> s.getS(1).charAt(0) == '$' ?
              Cons.of(s.getS(0), getEnv(env, s.getS(1))) : s);
}

// 事実が導けるか調べる
Cons deduceFact(Cons pat, Cons pSet, Cons env) {
  Cons sols = Cons.Nil;          // 解答変数のリスト
  sols = rules.flatMap((Cons r) -> {
    Cons conds = r.getC(0), acts = r.getC(1);
                         // ruleから条件部とアクション部を取り出す
    Cons ret = actionMatch(acts, pat, Cons.Nil, Cons.Nil);
                         // アクション部とマッチ試す
    Cons env1 = ret.getC(0), var1 = ret.getC(1);
    if (env1 != null && var1 != null &&
      !(env1.equals(Cons.of(null, null)) &&
          var1.equals(Cons.of(null, null)))) {
      // マッチすれば条件部に対してさらに後ろ向き推論
      return backwardMatch(conds.map((Cons x) ->
                                   applyEnv(x, env1)),
                                 pSet, Cons.Nil)
                .map((Cons y) -> applyVal(var1.append(env), y))
                .map((Cons z) -> applyVal(z, env1));
```

118　第 5 章　推論と知識ベース

```java
    } else return Cons.Nil;
  });
  return sols;
}


// 1つのパターンに対して後ろ向き推論
Cons backwardMatch1(Cons pat, Cons pSet, Cons env) {
  if (pSet.contains(pat)) return Cons.Nil;// 同じルールによるループ防止
  Cons pat1 = applyEnv(pat, env);         // 環境変数を適用しておく
  // 事実が存在するか調べる
  Cons sols1 = facts.map((Cons x) -> patMatch(pat1, x, env))
                    .filter(y -> y != null);
  // 事実が導けるか調べる
  Cons sols2 = deduceFact(pat1, pSet.add(pat1), env);
  return sols1.append(sols2);             // それらの解を連結
}


// 複数パターンに対して後ろ向き推論
Cons backwardMatch(Cons patterns, Cons pSet, Cons env) {
  if (patterns == Cons.Nil) return Cons.of(env);
  Cons pat = patterns.getC(0), tail = patterns.tail;
  // 1つのパターン（質問）に対して後ろ向き推論
  return backwardMatch1(pat, pSet, env).flatMap((Cons x) ->
    backwardMatch(tail, pSet, x));        // 残りパターンも後ろ向き推論
}

// 後ろ向き推論実行
void backward(String[][] ruleString, String[] factString,
                              String[] s) {
  System.out.println("--- 質問 ------------------------------");
  System.out.println(Cons.fromArray(s).mkString(" "));
  rules = ruleReader(ruleString);
  facts = factReader(factString);
  Cons patterns = Cons.of(Cons.fromArray(s));
  Cons solutions = backwardMatch(patterns, Cons.Nil, Cons.Nil);
  System.out.println();

  System.out.println("--- 導き出された解 ------------------------");
  solutions.foreach((Cons x) -> x.println());
  System.out.println("--- 導き出された事実 ----------------------");
  solutions.foreach((Cons x) ->
```

```
      patterns.foreach((Cons y) -> applyEnv(y, x).println()));
  }

  static String[][] ruleData = {     // ルール
    {
      "$x are mammals",             // x は哺乳類である
      "mammals have lungs",         // 哺乳類は肺を持つ
      "->",                         // ならば
      "$x have lungs"               // x は肺を持つ
    }};

  static String[] factData = {       // 事実
    "mammals have lungs",           // 哺乳類は肺を持つ
    "whales are mammals"            // クジラは哺乳類である
  };

  public static void main(String[] args) {     // 動作テスト
    new InferenceEngineBackward().backward(ruleData, factData,
      new String[] { "whales", "have", "$what" });// 後ろ向き推論実行
  }
}
```

実行結果
```
--- 質問 ------------------------------
whales have $what                        … クジラは何を持つか？

--- 導き出された解 ------------------------
(("$what", "lungs"))                     … 変数 $whatの解は「肺」
--- 導き出された事実 ----------------------
("whales", "have", "lungs")              … クジラは肺を持つ
```

　後ろ向き推論プログラムでは，質問が真となるための事実を導き出します。質問に変数が含まれていれば，変数の解が推論されます。前向き推論が導出可能なあらゆる事実を生成するのに対し，後ろ向き推論は質問の解答をピンポイントで導出します。後ろ向き推論エンジンの InferenceEngineBackward クラスでは，前向き推論エンジンの InferenceEngineForward クラスから，ruleReader, factReader, getEnv, patMatch, applyEnv の各メソッドを継承しています。

120　第 5 章　推論と知識ベース

　今，図 5-12 のようなルールと事実のデータに対する質問があったとします。後ろ向き推論のメインメソッド backwardMatch は，質問に対して下請けメソッドの backwardMatch1 を呼び出して調べます。

図 5-12　後ろ向き推論のデータ例

　backwardMatch1 では，まず，質問にマッチする事実がないか調べ，さらに deduceFact メソッドを呼び出して，ルールから事実が導けないか推論します。deduceFact では，actionMatch メソッドによって，全アクション部と質問を照合します。これは前向き推論とは逆方向の処理となり，図 5-13 のように，ルール①のアクション部と質問に対し，パターンマッチングを実施します。

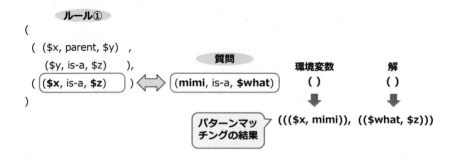

図 5-13　後ろ向き推論のパターンマッチング例(1)

5.3 後ろ向き推論

　後ろ向き推論におけるパターンマッチングメソッド patMatchDual は，前向き推論の patMatch を拡張したものであり，新たに，照合対象であるパターンの両方に変数を含むパターンマッチングができます。ルールのアクション部と質問をパターンマッチングさせる際，両方のパターンに変数を含む場合があるため，patMatchDual が必要となります。

　図 5-14 では，ルール①のアクション部（パターン 1）と質問（パターン 2）のマッチング例です。引数 env は環境変数であり，パターン 1 側に出現した変数の値です。また，引数 sol は解答変数であり，パターン 2 側に出現した変数の値です。最終的に patMatchDual は(環境変数,解答変数)を返します。

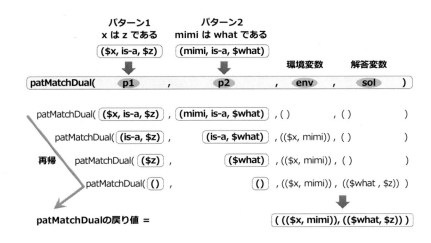

図 5-14　patMatchDual メソッドの再帰的パターンマッチング処理

　この例では，$what の解は$z という変数です。解が変数なのでまだ解決したことにはなりません。さらに$z の値が何であるかを突き止めることで，$what の解が値として判明します。

　deduceFact メソッドでは，検証すべき事実（検証事実）が導けるか調べます。まず，actionMatch を使用してアクション部と検証事実がマッチするか調べ，マッチしたら，ルールの前提部に対して後ろ向き推論を実施します。先の図 5-13 のようにして，ルール①のアクション部にマッチングが成功すれば，今度は図 5-15

のように，ルール①の前提部に対し，再帰的に後ろ向き推論を実施します。

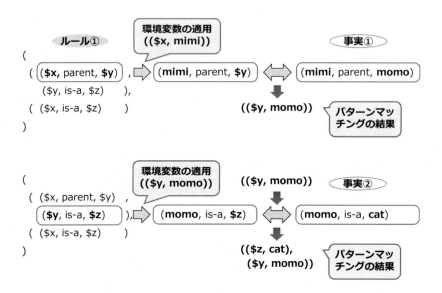

図 5-15　後ろ向き推論のパターンマッチング例(2)

このとき，アクション部のマッチングで得られた環境変数を使い，あらかじめルールの前提部の変数を値に置換しておきます。こうして，ルール内のパターンマッチングにおける文脈を受け継ぎます。各前提部の後ろ向き推論では，backwardMatch1 メソッドによって，まず事実とマッチするか調べます。事実には変数が含まれていないので，この場合のパターンマッチングは前向き推論のpatMatch を使用します。結果として，環境変数(($z,cat), ($y,momo))が得られます。$what の解は$z であったので，ここで$z は cat であることが判明し，ゆえに$what の解 cat が得られます。

ところで，deduceFact の引数には，一連のパターンマッチングによる環境変数env，そして，後ろ向き推論が堂々巡りにならないように，検証済み事実を保持するリストである pSet を与えます。後ろ向き推論のメインメソッドであるbackwardMatch は，複数のパターンを検証します。また，その下請けメソッドのbackwardMatch1 は，1 個のパターンを検証します。backwardMatch1 では，pSet

内にこれから調べるパターンがないか Cons クラスの contains メソッドでチェックすることで，無限再帰ループを回避します。backwardMatch1 では，deduceFact を呼び出す前に，調べるパターンを Cons クラスの add メソッドで，pSet に追加しています。こうすることで，backwardMatch → backwardMatch1 → deduceFact → backwardMatch → …という複数メソッドに渡る再帰呼び出しの無限ループを回避します。このような無限ループに陥る状況としては，「x は y である，y は z である → x は z である」といった，前提部とアクション部に同様のパターンが含まれるルールが挙げられます。

❏ 後ろ向き推論実行プログラム

リスト 5-5 およびリスト 5-6，後ろ向き推論を実行する 2 種類の実例です。

リスト 5-5　BackwardChain1App.java　後ろ向き推論実行プログラム（その 1）

```java
package ex05;

public class BackwardChain1App extends InferenceEngineBackward {
  static String[][] ruleData = {
    {
      "$x parent $y",           // xの親はyである
      "$y is-a $z",             // yはzである
      "->",                     // ならば
      "$x is-a $z"              // xはzである
    }, {
      "$x has claws",           // xは鋭い爪を持つ
      "$x has forward_eyes",    // xは目が正面についている
      "->",                     // ならば
      "$x is-a carnivore"       // xは肉食動物である
    }, {
      "$x is-a carnivore",      // xは肉食動物である
      "$x has black_stripes",   // xは黒い縞を持つ
      "$x says gaooooo",        // xはガオーと鳴く
      "->",                     // ならば
      "$x is-a tiger  "         // xはトラである
    }, {
      "$x is-a carnivore",      // xは肉食動物である
```

124 第 5 章 推論と知識ベース

```java
      "$x has black_stripes",        // xは黒い縞を持つ
      "$x says nyaa",                // xはニャーと鳴く
      "->",                          // ならば
      "$x is-a tabby"                // xはトラネコである
   }};

  static String[] factData = {
    "momo has claws",
    "momo has forward_eyes",
    "momo has black_stripes",
    "momo says nyaa",
    "mimi parent momo"
  };

  public static void main(String[] args) {
    new BackwardChain1App().backward(ruleData, factData,
      new String[] { "$who", "is-a", "$animal" });  // 後ろ向き推論実行
  }
}
```

実行結果

```
--- 質問 -----------------------------------
$who is-a $animal                  … 何々は何々であるという結論を推論

--- 導き出された解 ------------------------
((("$animal", "carnivore"), ("$who", "mimi"))
((("$animal", "tabby"), ("$who", "mimi"))
((("$animal", "carnivore"), ("$who", "momo"))
((("$animal", "tabby"), ("$who", "momo"))
--- 導き出された事実 ----------------------
("mimi", "is-a", "carnivore")      … mimiは肉食動物である
("mimi", "is-a", "tabby")          … mimiはトラネコでもある
("momo", "is-a", "carnivore")      … momoも肉食動物である
("momo", "is-a", "tabby")          … momoはトラネコでもある
```

リスト 5-6　BackwardChain2App.java　後ろ向き推論実行プログラム（その 2）

```java
package ex05;

public class BackwardChain2App extends InferenceEngineBackward {
```

```
  static String[][] ruleData = {
    {
      "$x は $y である",
      "$y は $z である",
      "->",
      "$x は $z である"
    }, {
      "$x は 羽 を持つ",
      "->",
      "$x は 鳥 である"
    }};

  static String[] factData = {
    "ピヨ は 羽 を持つ",
    "鳥 は 動物 である"
  };

  public static void main(String[] args) {
      new BackwardChain2App().backward(ruleData, factData,
          new String[] { "ピヨ", "は", "$何", "である" });
                                          // 後ろ向き推論実行
    }
}
```

実行結果

```
--- 質問 ---------------------------------
ピヨ は $何 である                    … ピヨは何々であるかを推論

--- 導き出された解 ------------------------
(("$何", "動物"))
(("$何", "鳥"))
--- 導き出された事実 ----------------------
("ピヨ", "は", "動物", "である")
("ピヨ", "は", "鳥", "である")
```

　1つ目の後ろ向き推論例では次のような質問を与えて，誰（$who）が何（$animal）であるかを推論します。実行結果では変数$whoと$animal の解として 4 つの解答の組み合わせが得られています。

126 第 5 章 推論と知識ベース

```
質問      $who is-a $animal
                  ↓
推論結果
解答 1    $who -> mimi, $animal -> carnivore   … mimi は肉食動物である
解答 2    $who -> mimi, $animal -> tabby       … mimi はトラネコである
解答 3    $who -> momo, $animal -> carnivore   … momo は肉食動物である
解答 4    $who -> momo, $animal -> tabby       … momo はトラネコである
```

　2 つ目の後ろ向き推論例では次のような質問を与えて，ピヨが何であるかを推論します。実行結果では 2 つの解答の組み合わせが得られ，鳥であり，さらに動物であることが導かれました。

```
質問      ピヨ は $何 である
                  ↓
推論結果
解答 1    $何 -> 動物              … ピヨは動物である
解答 2    $何 -> 鳥                … ピヨは鳥である
```

第 6 章　人工生命と NPC

6.1　ランダムな動き

❑ 移動方向と方向転換のランダム決定

　ゲーム AI は，敵キャラクタの自律的な動作と知的な振る舞いを模倣することで，あたかも考えて行動しているように見せて，ゲームをより面白いものにします。さらに，敵以外のたくさんのキャラクタも，個々に自律行動しているように見せることで実世界のようなリアリティを演出します。

　自律動作の手法として，ボイド（Boids）は人工生命（Artificial Life，Alife）による簡単な自律動作によって知的行動を模倣したプログラム手法です。ここではボイドを作成する前に，グラフィックスやキャラクタ移動処理の基礎部分を作成しておきます。

　ゲーム要素の自律的な動きには，コンピュータ処理のランダム機能が用いられることが多く，ランダムは一般的に 0.0 ≦ x < 1.0 の範囲の実数値を生成する疑似乱数生成機能です。これを使った移動方法には，ランダムな移動方向とランダムな方向転換が考えられます。これらの違いを見てみましょう。

　図 6-1 のランダム移動方向は，繰り返し処理の中で毎回ランダムに 8 方向（停止も含めると 9 通り）に位置を変更します。一見これでよさそうに思えますが，実際に動作させてみると一か所で振動するような動き方になります。これはランダム移動量の-1，0，1 がほぼ同じ確率で生成されるため，平均的に 0 になってしまい，その位置から大きく移動できない動きとなります。

　一方，図 6-2 のランダム方向転換は，現在の移動方向に一直線に連続して進んでいき，条件によってランダムに方向を変更します。dx は横方向の移動量であり，この値を変更しなければ横方向の動きはずっと同じままです。そして，ある条件が成立すれば dx を再計算するようにします。縦方向の移動量 dy についても同様に計算します。このとき，条件成立の頻度（確率）を低くすると，より長距離を連

続移動するようになります。

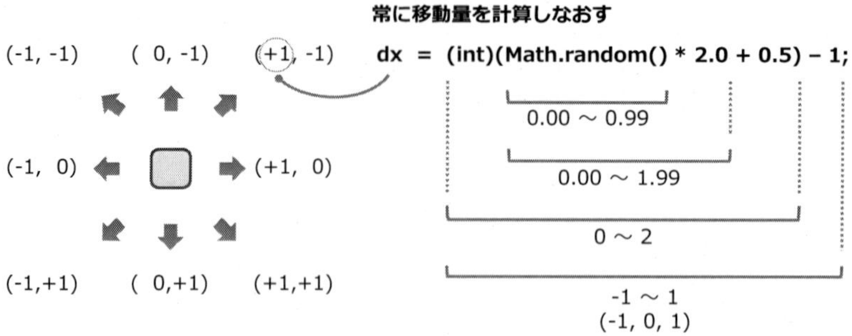

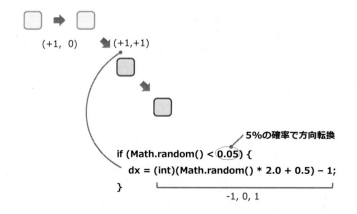

図 6-1　ランダムな移動方向

図 6-2　ランダムな方向転換

❏ ランダム移動方向プログラム

　リスト 6-1 はランダム移動方向プログラムです。グラフィックスウィンドウを作成し，30 個のキャラクタをランダムに動かします。

6.1 ランダムな動き 129

リスト6-1 BoidApp.java ランダム移動方向プログラム

```java
package ex06;

import javafx.animation.AnimationTimer;
import javafx.application.Application;
import javafx.collections.ObservableList;
import javafx.scene.Node;
import javafx.scene.Scene;
import javafx.stage.Stage;
import javafx.scene.layout.Pane;
import javafx.scene.shape.Rectangle;

// グラフィックスウィンドウアプリケーションクラス
public class BoidApp extends Application {
  int w = 800;                                      // ウィンドウ内部の幅
  int h = 800;                                      // ウィンドウ内部の高さ
  int count = 30;                                   // 個体数
  int range = 100;                                  // 個体発生位置範囲
  Pane pane = new Pane();
  ObservableList<Node> shapes = pane.getChildren(); // 全図形
  Boid[] boids = new Boid[count];                   // 全個体
  boolean active = true;                            // スレッド継続フラグ

  public static void main(String[] args) {
    launch(args);                 // JavaFXアプリケーションスレッド起動
  }

  public void init() {                              // 初期化処理
    for (int i = 0; i < count; i++) boids[i] = new Boid(this);
  }

  public void start(Stage stage) {                  // 開始処理
    stage.setScene(new Scene(pane, w, h));
    stage.show();

    new Thread() {                                  // 移動計算スレッド
      public void run() {
        while (active) {
          for (Boid b : boids) {                    // 全キャラクタに対し
            b.moveDecide();                         // 移動量決定
```

130 第 6 章 人工生命と NPC

```java
          b.move();                              // 移動位置計算
        }
        try {
          Thread.sleep(15);                      // 速度調整
        } catch (InterruptedException e) {
          e.printStackTrace();
        }
      }
    }
  }.start();

  new AnimationTimer() {                         // 描画タイマー処理
    public void handle(long now) {
      for (Boid b : boids) {                     // 全キャラクタに対し
        b.draw();                                // 描画
      }
    }
  }.start();
}

// 終了時の処理（スレッド継続フラグオフ）
public void stop() { active = false; }
}

// Boid個体クラス
class Boid {
  BoidApp app;
  int x, y;
  double dx = 1.0, dy = 1.0;
  Rectangle shape = new Rectangle(10, 10);       // キャラクタの図形生成

  public Boid(BoidApp app) {
    this.app = app;
    app.shapes.add(shape);                       // 図形追加
    x = (int)(app.w / 2 + app.range * (Math.random() - 0.5));
    y = (int)(app.h / 2 + app.range * (Math.random() - 0.5));
  }

  public void moveDecide() {
    dx = (int)(Math.random() * 2.0 + 0.5) - 1;   // ランダム移動方向
    dy = (int)(Math.random() * 2.0 + 0.5) - 1;
```

```
}

public void move() {
  x += dx; y += dy;
  // 壁なら方向転換
  if (x < 0 || x >= app.w) { dx = -dx; x += dx * 2; }
  if (y < 0 || y >= app.h) { dy = -dy; y += dy * 2; }
}

public void draw() {
  shape.setX(x - 5);                          // 図形座標を変更
  shape.setY(y - 5);
}
}
```

　このプログラムは，マルチスレッドで動作します。図6-3のように，メインのJavaFXアプリケーションスレッドはAnimationTimerクラスを利用して，一定時間おきにキャラクタである全Boidオブジェクトの再描画を繰り返します。再描画にはJavaFXのシーングラフの機能を活用します。この機能でウィンドウ上のあらゆるグラフィックス要素が統一的に管理され，図形（Shape）の描画に関わる細かな処理をJavaFXに任せることができます。

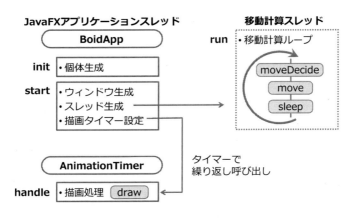

図6-3　マルチスレッドによる位置計算と描画

132　第 6 章　人工生命とNPC

　実際の描画処理を行う draw メソッドでは，一般的なグラフィックス処理にあるような画面消去，図形描画，ダブルバッファリングといったグラフィックス描画のための一連の処理手順は不要です。シーングラフの利用によって単に図形要素の描画位置を設定すればいいので簡潔かつ効率的です。

　一方，各個体の位置は，移動計算スレッドによって位置を変化させていきます。移動計算スレッドは new Thread() { … }.start()によって生成し，各 Boid のランダム移動方向を生成する moveDecide メソッドと，座標計算を行う move メソッドを繰り返し呼び出します。

　このようにメインスレッドは必要最低限の描画処理を繰り返し，移動計算を別のスレッドで動作させることで，複雑な処理内容に発展してもスムーズな動作と効率よい CPU 利用ができます。

　図 6-4 はランダム移動方向プログラムを実行させたウィンドウ画面です。

図 6-4　ランダム移動方向プログラムの実行結果

moveDecide メソッドでのランダム移動方向の決定は，次のように現在座標に対する移動量 dx, dy を-1,0,1 にランダムに決定します。この方法では，移動量は平均的に 0 になるのでキャラクタは大きく移動せず，例えるなら振動する微生物のような動き方になります。

```
dx = (int)(Math.random() * 2.0 + 0.5) - 1;    // ランダム移動方向
dy = (int)(Math.random() * 2.0 + 0.5) - 1;
```

❏ ランダム方向転換プログラム

リスト 6-2 はランダム方向転換プログラムです。これはランダム移動方向プログラムをベースに，Boid クラスを継承する Boid1 クラスを作成します。

リスト 6-2　BoidApp1.java　ランダム方向転換プログラム

```java
package ex06;

// グラフィックスウィンドウアプリケーションクラス
public class BoidApp1 extends BoidApp {
  public static void main(String[] args) {
    launch(args);                      // JavaFXアプリケーションスレッド起動
  }

  public void init() {                 // 初期化処理
    for (int i = 0; i < count; i++)
      boids[i] = new Boid1(this);      // 全個体生成
  }
}

// Boid1個体クラス（Boidから派生）
class Boid1 extends Boid {
  public Boid1(BoidApp1 app) {
    super(app);
  }

  public void moveDecide() {           // ランダムに方向変換
```

```
        if (Math.random() < 0.05) dx = (int)(Math.random()*2.0 + 0.5)-1;
        if (Math.random() < 0.05) dy = (int)(Math.random()*2.0 + 0.5)-1;
    }
}
```

　グラフィックスウィンドウを生成するBoidApp1クラスはBoidAppから継承し，ボイド生成処理のinitメソッドのみ再定義し，その中でBoidクラスの代わりに移動方法の異なるBoid1クラスを使って個体を生成しています。またBoid1クラスは基本機能をBoidクラスから継承しており，移動方向を決定するmoveDecideメソッドのみを再定義しています。

　図6-5はランダム方向転換プログラムを実行させたウィンドウ画面です。

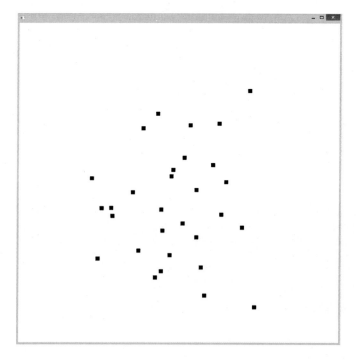

図6-5　ランダム方向転換プログラムの実行結果

　移動量dx，dyは，次のように5%（0.05）の確率で再計算し，それ以外は移動

方向を維持する処理になっています。今度の実行結果では、各個体が虫のように広範囲に移動しています。

```
if (Math.random() < 0.05) dx = (int)(Math.random()*2.0 + 0.5) - 1;
if (Math.random() < 0.05) dy = (int)(Math.random()*2.0 + 0.5) - 1;
```

6.2　Boid アルゴリズム

❏ 群れのルール

ボイド（Boids）アルゴリズムは Craig Raynolds によって考案された「群れ」の行動を模倣する人工生命シミュレーションです。このアルゴリズムをベースとして、ゲームや映画などの CG 映像にも人工生命が活用されています。

群れの動きを作るためには、各個体による独立した移動ではなく、他の個体の状況に合わせて移動量を計算していきます。この計算は次のような群れのルールによって構成され、図 6-6 のような群れの動き方を制御します。

```
①結合（Cohesion）    … 群れの中心に向かう
②分離（Separation）  … ぶつからないよう距離をとる
③整列（Alignment）   … 群れと同じ方向と速度に合わせる
```

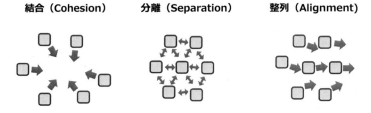

図 6-6　群れの移動ルール

136 第 6 章 人工生命と NPC

群れの動作は，まず「結合」によって群れが中心部に集合するようになります。
このままでは 1 か所にかたまって衝突状態になるので，次に「分離」によって各
個体が衝突しないように一定距離を保つようにします。これで衝突せずに近くに
集まることができますが，密集した状態で個々が無秩序に動き続ける状態となり
ます。群れとして一定方向に向かっていく秩序ある群れ移動にするために，次に
「整列」によって群れ全体の移動方向と速度に近づけることで，群れがひとかた
まりで同じ方向に移動していくことになります。

❏ Boid プログラム

リスト 6-3 は Boid プログラムです。ランダム移動方向の Boid クラスをもとに
群れの機能を実装した Boid2 クラスを作成します。

リスト 6-3　BoidApp2.java　Boid プログラム

```java
package ex06;

// グラフィックスウィンドウアプリケーションクラス
public class BoidApp2 extends BoidApp {
  public static void main(String[] args) {
    launch(args);                      // JavaFXアプリケーションスレッド起動
  }

  public void init() {                 // 初期化処理
    for (int i = 0; i < count; i++)
      boids[i] = new Boid2(this);      // 全個体生成
  }
}

// Boid2個体クラス（Boidから派生）
class Boid2 extends Boid {
  static double chohesionRate = 0.01;    // 結合パラメータ
  static double separationDis = 25;      // 分離パラメータ
  static double alignmentRate = 0.5;     // 整列パラメータ
  static int speedLimit = 8;             // 速度制限パラメータ

  public Boid2(BoidApp2 app) {
```

```
    super(app);
  }

  public void moveDecide() {       // 移動量決定処理を置き換える
    chohesion();                   // 結合(群れの中心に向かう)
    separation();                  // 分離(ぶつからないよう距離をとる)
    alignment();                   // 整列(群れと同じ方向と速度に合わせる)
    double rate = Math.sqrt(dx*dx + dy*dy) / speedLimit;
    if (rate > 1.0) {              // 速度制限
      dx /= rate; dy /= rate;
    }
  }

  void chohesion() {               // 結合(群れの中心に向かう)
    double cx = 0, cy = 0;
    for (Boid b : app.boids) { cx += b.x; cy += b.y; }
    cx /= app.count; cy /= app.count;
    dx += (cx - x) * chohesionRate;
    dy += (cy - y) * chohesionRate;
  }

  void separation() {              // 分離(ぶつからないよう距離をとる)
    for (Boid b : app.boids) {
      if (b != this) {
        double ax = b.x - x, ay = b.y - y;
        double dis = Math.sqrt(ax*ax + ay*ay);
        if (dis < separationDis) {
          dx -= ax; dy -= ay;
        }
      }
    }
  }

  void alignment() {               // 整列(群れと同じ方向と速度に合わせる)
    double ax = 0, ay = 0;
    for (Boid b : app.boids) { ax += b.dx; ay += b.dy; }
    ax /= app.count; ay /= app.count;
    dx += (ax - dx) * alignmentRate;
    dy += (ay - dy) * alignmentRate;
  }
}
```

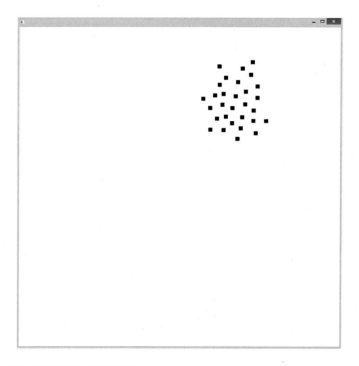

図 6-7　Boid プログラムの実行結果

　図 6-7 は Boid プログラムを実行させたウィンドウ画面です。群れのルールによって，鳥や魚の群れのように全個体が秩序を保って移動しています。

　群れ機能を持つ個体である Boid2 クラスでは，群れ移動のための各種パラメータ用の static 変数を用意し，各個体から共通に参照できるようにします。また，移動方向を決定する moveDecide メソッドにおいて，群れ移動を構成する chohesion, separation, alignment メソッドを呼び出して移動量を計算します。

　chohesion（結合）メソッドは，全個体の座標合計値を個体数で割った平均計算によって群れの中心座標を求めます。自分と中心との差に結合パラメータ chohesionRate を掛けた値を dx, dy に加えることで，差が大きく離れているほど移動量 dx, dy の修正量が大きくなり中心に近づいていきます。

　separation（分離）メソッドは，自分以外の全個体に対して直線距離を計算し，

一定距離以内に接近している個体がいれば，それから離れるように dx, dy を修正します。これによって個体どうし一定距離が保たれるようになります。

alignment（整列）メソッドは，全個体の移動量の平均計算によって群れ全体の平均移動量つまり方向ベクトルを求め，それに近づけるように dx, dy を修正します。これによって，各個体が群れの平均的な移動方向と速度に合わせるようになります。

さらに 3 つのルールの移動量修正によって dx, dy が大きすぎる値になった場合，変数 speedLimit を用いて速度が不自然に速くならないよう調整しています。

6.3　ノンプレイヤーキャラクタとゲームスレッド

❏ ゲームの構成

キャラクタを自律移動させるゲームのしくみを見ていきましょう。ここでは図 6-8 のようなグラフィックウィンドウを使ったゲームを題材にします。

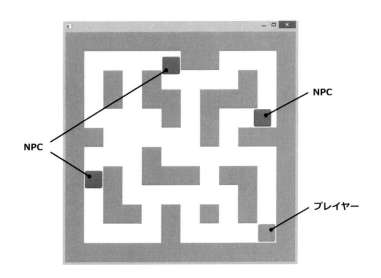

図 6-8　ゲームのウィンドウ

ゲームの構成要素は，壁や道を表す四角いユニット（マス）で構成されるマップ情報，マップの中を移動するプレイヤーと複数のノンプレイヤーキャラクタ（Non Player Character，NPC）です。プレイヤーはキーボード操作による移動，NPCはランダム方向転換で移動し，全キャラクタは衝突判定を行います。このゲームは，攻撃や勝敗処理などのゲームとして必要ないくつかの機能は実装していません。まだ基礎的な実験バージョンといったところです。

図 6-9 はゲームを構成するクラスを表したものです。プログラムのメイン処理であり各要素生成などの初期化やグラフィックス描画およびキャラクタの移動計算スレッド処理を行う GameApp クラス，マップ情報生成用の GameMap クラス，様々な種類のキャラクタの共通機能を実装する GameElem クラス，そして GameElem から派生させた Wall（壁）クラス，Player クラス，Alien（NPC）クラスで構成されています。このようにオブジェクト指向プログラミングによって機能ごとにプログラミングを進めていきます。

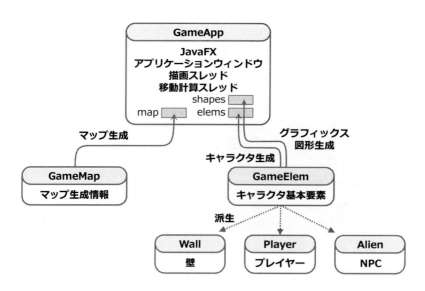

図 6-9　ゲームを構成するクラス

6.3 ノンプレイヤーキャラクタとゲームスレッド　141

❏ マップ構築プログラム

リスト 6-4 はゲームの部分プログラムであるマップ構築プログラムです。部分
プログラムとは，それ単体では実行できないプログラムの部品（クラス定義）で
すが，後から，…App.java という名称で，実行可能なメインプログラムが登場し
ます。マップ情報は文字列として用意し，構成要素である壁，道，プレイヤー，
NPC を記号で表します。makeMap メソッドは文字列表現（ ＿ ＃ ○ ＠）のマップ情
報を，整数値（0,1,2,3）の 2 次元配列に変換して行列番号で扱いやすくします。

リスト 6-4　GameMap.java　マップ構築プログラム

```java
package ex06;

// ゲームマップオブジェクト
public class GameMap {
  static int map[][];
  static String mark = "_#○@";        // マーク(壁,道,プレイヤー, NPC)
  static String[] mapData = {
    "############",
    "#@_____##__@#",
    "#_#_#_____#_#",
    "#_#_##_###_#",
    "#_____#_#___#",
    "##_____#_###",
    "#____#_____#",
    "#_#_###_##_#",
    "#_#_____#_#",
    "#_##_#_#_#_#",
    "#@____#_____○#",
    "############"
  };

  // 行列サイズ
  public static int r = mapData.length, c = mapData[0].length();

  static public int[][] makeMap() {     // 文字列から整数値のマップを生成
    map = new int[r][c];
    for (int i = 0; i < r; i++) {
```

```
      for (int j = 0; j < c; j++) {
        map[i][j] = mark.indexOf(mapData[i].charAt(j));
      }
    }
    return map;
  }
}
```

❑ キャラクタ基本要素プログラム

リスト 6-5 は，ゲームの部分プログラムであるキャラクタ基本要素プログラム
です。壁，プレイヤー，NPC などのもととなる GameElem クラスを作成し，キャラ
クタに共通する情報や機能を用意しておきます。

リスト 6-5　GameElem.java　キャラクタ基本要素プログラム

```
package ex06;

import javafx.scene.shape.Rectangle;
import javafx.scene.shape.Shape;
import javafx.scene.paint.Color;

// キャラクター基本要素クラス
public  class GameElem  {
  public GameApp app;
  public int typ, dir, x, y, r, c;           // 種類, 方向, 座標, 行, 列
  public boolean reached = false;            // ユニットにぴったり到達したか
  Shape shape = null;                        // グラフィックス要素

  public static final int ROAD    = 0;   // 通路
  public static final int WALL    = 1;   // 壁
  public static final int PLAYER  = 2;   // プレイヤー
  public static final int ALIEN   = 3;   // 敵

  public GameElem(GameApp app) {
    this.app = app;
  }

  public void setShape(Shape shp) {
```

```
    shape = shp;
    app.shapes.add(shape);                  // 図形追加
  }

  public void setPos(int x1, int y1) {     // 位置更新
    x = x1; y = y1;
    r = y / app.uh; c = x / app.uw;
    reached = (y % app.uh == 0 && x % app.uw == 0);
  }

  public void draw() {                     // 描画処理(シーングラフにアクセス)
    shape.setLayoutX(x);                   // 図形座標を変更
    shape.setLayoutY(y);
  }

  public void move() {}                    // 移動(何もしない)
}

// 壁のクラス
class Wall extends GameElem {
  public Wall(GameApp app) {
    super(app);
    Rectangle s = new Rectangle(app.uw, app.uh);
    s.setFill(Color.DARKGRAY);
    setShape(s);
  }
}
```

　キャラクタの基本要素である GameElem クラスは,図形構築,位置設定,移動,描画などの機能を持ち,1 個のオブジェクトがキャラクタ要素 1 個分を表します。setShape メソッドは,キャラクタの形状を JavaFX のグラフィックス図形として描画対象に登録します。setPos メソッドは,キャラクタの座標設定をします。また,ちょうど 1 マス分進んだかどうかの判定も行っています。draw メソッドは,キャラクタの描画処理です。JavaFX のシーングラフ機能を使うことで,図形の座標を変更するだけで自動的に再描画されます。

　移動処理の move メソッドは,プレイヤーや NPC によって移動方法が異なるため,まだ処理内容は決まっていません。move は後にゲームにおけるキャラクタ移

144 第 6 章 人工生命と NPC

動計算スレッド内から呼ばれる予定であり，move メソッドが存在していることだ
けを宣言しています。そして後に出てくるプレイヤーや NPC のクラスで move を
オーバーライドし，それぞれ独自の移動処理を実装していきます。このプログラ
ムでは，壁を表すキャラクタとして Wall クラスも GameElem から派生させていま
す。Wall のコンストラクタでは，位置，形状，色を設定しています。

　move メソッドの実装を後に派生クラスで行うのであれば，move メソッドは
abstract キーワードを付けて抽象メソッドで宣言しても構いません。その場合
は，GameElem クラスにも abstract を付けて抽象クラスにし，派生クラスでは必
ず move メソッドを実装しなければなりません。例えば Wall クラスは移動をしな
いため，処理内容が空の move メソッドを実装するといいでしょう。

❏ プレイヤー生成プログラム

　リスト 6-6 はゲームの部分プログラムであるプレイヤー生成プログラムです。
キャラクタ基本要素である GameElem を継承した Player クラスを作成します。

リスト 6-6　Player.java　プレイヤー生成プログラム

```java
package ex06;

import javafx.scene.paint.Color;
import javafx.scene.shape.Rectangle;

// プレイヤークラス
public class Player extends GameElem {
  int lastDx = -1, lastDy = -1;

  public Player(GameApp app) {
    super(app);
    Rectangle s = new Rectangle(app.uw, app.uh);
    s.setArcWidth(15);
    s.setArcHeight(15);
    s.setScaleX(0.9);
    s.setScaleY(0.9);
    s.setStroke(Color.ROYALBLUE);
    s.setFill(Color.CORNFLOWERBLUE);
    setShape(s);
```

```
  }

  public void move() {                          // プレイヤーの移動処理
    int dx = 0, dy = 0;
    if (app.keyCode == null) {                  // キーが離された後の状態
      if (x % app.uw != 0 || y % app.uh != 0) {// 1マスの中間位置ならば
        dx = lastDx;                            // 移動を継続
        dy = lastDy;
      } else {
        app.keyCode = null;
        return;
      }
    } else {
      switch (app.keyCode) {                    // 押されているキーに対する処理
        case LEFT:    dx = -1;  break;
        case RIGHT:   dx = 1;   break;
        case UP:      dy = -1;  break;
        case DOWN:    dy = 1;   break;
        default:      return;
      }
    }
    // 壁でなく他のキャラクタに衝突しなければ進む
    int x1 = x + dx, y1 = y + dy;
    if (!app.isWall(x1,y1) && app.getCollision(this,x1,y1) == -1) {
      setPos(x1, y1);
      lastDx = dx;
      lastDy = dy;
    }
  }
}
```

　Player クラスではグラフィックス表示のための初期化処理を行い，move メソッドをオーバーライドしています。移動処理はキーボードのカーソルキーで移動します。なお，キーが離されても 1 ユニット（1 マス）分移動完了となるまで移動を継続し，中途半端なところで止まらないようにしています。このような移動制御によって曲がり角を曲がりやすくしています。

　なお，GameApp オブジェクトに対する isWall メソッドは移動先が壁かどうか判定します。また，getCollision メソッドは移動先が他のキャラクタとの衝突を

146 第 6 章 人工生命とNPC

判定する機能で，後に出てくるゲームのクラスに実装します。

❏ NPC 生成プログラム

リスト 6-7 はゲームの部分プログラムである NPC 生成プログラムです。キャラクタ基本要素である GameElem を継承した Alien クラスを作成します。

リスト 6-7　Alien.java　NPC 生成プログラム

```java
package ex06;

import javafx.scene.paint.Color;
import javafx.scene.shape.Rectangle;

// ノンプレイヤークラス
public class Alien extends GameElem {
  public int nextDir = 0;
  public int[][] dirOffset = { {1,0}, {0,1}, {-1,0}, {0,-1}};
  public Rectangle s;
  int[] tryPlan = { 1, 3, 2 };                    // 右, 左, 後

  public Alien(GameApp app) {
    super(app);
    s = new Rectangle(app.uw, app.uh);
    s.setArcWidth(15);
    s.setArcHeight(15);
    s.setScaleX(0.9);
    s.setScaleY(0.9);
    s.setStroke(Color.FIREBRICK);
    s.setFill(Color.INDIANRED);
    setShape(s);
  }

  public void nextMove() {                   // 移動先を決定する
    nextMoveRandom();
  }

  public void nextMoveRandom() {             // ランダム方向転換による移動
    nextDir = Math.random() < 0.005 ?
            (dir + 1 + (int)((Math.random() * 2) + 0.5)) % 4 : dir;
```

```
  }

  public void moveExec() {         // 可能であれば移動実行
    int x1 = x + dirOffset[nextDir][0];
    int  y1 = y + dirOffset[nextDir][1];
    if (app.isWall(x1, y1) || app.getCollision(this, x1, y1) != -1) {
      // 後ろに転換する確率は下げる
      nextDir = (nextDir + tryPlan[(int)(Math.random() * 2.1)]) % 4;
      x1 = x + dirOffset[nextDir][0];
      y1 = y + dirOffset[nextDir][1];
    }
    if (!app.isWall(x1,y1) && app.getCollision(this,x1,y1) == -1) {
      dir = nextDir;                // 壁でなく他のキャラクタに衝突しなければ進む
      setPos(x1, y1);
    }
  }

  public void move() {             // Alienの移動処理
    nextMove();                    // 次の移動先を決定する
    moveExec();                    // 移動実行
  }
}
```

Alien クラスでは Player クラスと同様にグラフィックス表示のための初期化処理を行い，move メソッドをオーバーライドしています。移動はランダム方向転換の方式をもとにしており，方向転換のとき特に後ろに変更する確率を下げています。これは，迷路状のマップにおいて壁に衝突して逆方向に向かうと行ったり来たりするような動きが目立つようになる対策です。

❑ ゲームループとマルチスレッドプログラム

リスト 6-8 はメインプログラムとなるゲームプログラムです。ゲームアプリケーションクラスである GameApp はグラフィックスウィンドウ作成，キー入力処理，マップ生成，キャラクタ生成，キャラクタの move メソッドを呼び出し続ける移動計算スレッドの生成と，AnimationTimer による描画処理などを行います。

148　第 6 章　人工生命と NPC

リスト 6-8　GameApp.java　ゲームプログラム

```java
package ex06;

import java.util.ArrayList;
import javafx.animation.AnimationTimer;
import javafx.application.Application;
import javafx.collections.ObservableList;
import javafx.event.EventHandler;
import javafx.scene.Node;
import javafx.scene.Scene;
import javafx.scene.input.KeyCode;
import javafx.scene.input.KeyEvent;
import javafx.scene.layout.Pane;
import javafx.stage.Stage;

// グラフィックスウィンドウアプリケーションクラス
public class GameApp extends Application {
  public ArrayList<GameElem> elems = new ArrayList<GameElem>();
                                                    // キャラクタ配列
  public int[][] map;                      // マップ情報
  public int uw = 40, uh = 40;             // ユニット幅と高さ
  Pane pane = new Pane();
  public ObservableList<Node> shapes = pane.getChildren();
                                           // 図形の集まり
  int w, h;                                // ゲーム画面の幅と高さ
  boolean active = true;                   // 移動スレッド稼働フラグ
  KeyCode keyCode = null;                  // キーコード

  public static void main(String[] args) {
    launch(args);                  // JavaFXアプリケーションスレッド起動
  }

  public void initGame() {                 // ゲーム初期化処理
    map = GameMap.makeMap();
    elems.addAll(makeElems(map));
  }

  // キャラクタ配列生成
  public ArrayList<GameElem> makeElems(int[][] m) {
    ArrayList<GameElem> elems = new ArrayList<GameElem>();
```

6.3 ノンプレイヤーキャラクタとゲームスレッド　149

```java
    for (int r = 0; r < m.length; r++) {
      for (int c = 0; c < m[r].length; c++) {
        if (m[r][c] != GameElem.ROAD) {
          GameElem e = makeElem(m[r][c]);
          e.typ = m[r][c];
          e.setPos(c * uw, r * uh);
          if (e.typ == GameElem.WALL) {
            e.draw();                    // 壁を描画（図形位置設定）
          } else {
            elems.add(e);                // キャラクタ配列へ追加
          }
        }
      }
    }
  }
  return elems;
}

public GameElem makeElem(int typ) {     // キャラクタ生成
  switch (typ) {                        // 種類に応じてキャラクタのコンストラクタを呼び出す
    case GameElem.WALL:    return new Wall(this);
    case GameElem.PLAYER:  return new Player(this);
    case GameElem.ALIEN:   return new Alien(this);
    default:           return null;
  }
}

public void start(Stage stage) {        // グラフィックス開始処理
  double scale = 1.0;
  h = GameMap.r * uh;
  w = GameMap.c * uw;
  Scene scene = new Scene(pane, w*scale, h*scale);
  pane.getTransforms().add(
      new javafx.scene.transform.Scale(scale, scale));
  stage.setScene(scene);
  stage.show();

  // キー押下時の処理
  scene.setOnKeyPressed(new EventHandler<KeyEvent>() {
    public void handle(KeyEvent e) {keyCode = e.getCode(); }
  });
  // キー解放時の処理
```

150 第 6 章 人工生命と NPC

```java
      scene.setOnKeyReleased(new EventHandler<KeyEvent>() {
        public void handle(KeyEvent e) {keyCode = null; }
      });

      initGame();                              // ゲーム初期化処理

      new Thread() {                           // 移動計算スレッド
        public void run() {
          while (active) {                     // 稼働フラグが真の間ループ
            for (GameElem e : elems) {
              if (e.typ >= GameElem.PLAYER) e.move();    // 移動
            }
            try {
              Thread.sleep(8);                 // 速度調整
            } catch (InterruptedException e1) {
              e1.printStackTrace();
            }
          }
        }
      }.start();

      new AnimationTimer() {                   // 描画タイマー処理
        public void handle(long now) {
          for (GameElem e : elems) {           // キャラクタの描画
            if (!(e.typ==GameElem.ROAD ||
                  e.typ==GameElem.WALL)) e.draw();
          }
        }
      }.start();
    }

    public void stop() { active = false; }    // 終了時の処理

    public boolean isWall(int x, int y) {      // 壁にぶつかるか？
      int r1 = y / uh;
      int c1 = x / uw;
      int r2 = (y + uh - 1) / uh;
      int c2 = (x + uw - 1) / uw;
      return map[r1][c1] == GameElem.WALL ||
             map[r1][c2] == GameElem.WALL ||
             map[r2][c1] == GameElem.WALL ||
```

```
          map[r2][c2] == GameElem.WALL;
  }

  public int getCollision(GameElem me, int x, int y) { // 衝突検出
    for (GameElem other : elems) {
      if (other.typ > 1 && other != me) {
        if (Math.abs(other.x - x) < uw &&
            Math.abs(other.y - y) < uh) {
          return other.typ;                      // 衝突相手の種類を返す
        }
      }
    }
    return -1;
  }
}
```

ゲームは図 6-10 のようなマルチスレッド構造になっています。メインスレッドである JavaFX アプリケーションスレッドでは，ウィンドウやキャラクタの描画処理を実行します。一方，移動計算スレッドは new Thread() {…}.start で生成・実行し，描画処理と異なるスレッドで稼働します。

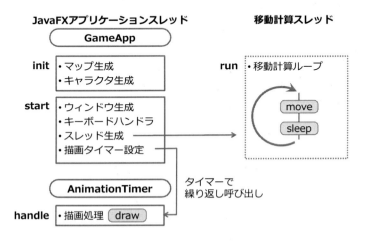

図 6-10　ゲームのスレッド処理

152 第 6 章 人工生命と NPC

GameApp クラスは，まず start メソッドが呼ばれてグラフィックス関係の処理が開始されます。そのなかで，initGame メソッドを呼び出して，マップとキャラクタ生成を行います。キャラクタ生成を行う makeElems メソッドは次のような処理を行います。

- マップ情報から，生成すべきキャラクタの種類と位置（行，列）を得る。
- makeElem メソッドで，キャラクタの種類から各キャラクタオブジェクトを生成する。
- GameElam オブジェクトの座標を設定する。
- GameElam オブジェクトが「壁」ならば描画し，それ以外は配列に追加する。
- プレイヤーと NPC から成るキャラクタオブジェクトの配列を ArrayList 型で返す。

上記で呼び出される makeElem メソッドは，次のように種類 typ に応じてキャラクタを生成します。

```
public GameElem makeElem(int typ) {     // キャラクタ生成
  switch (typ) {                 // 種類に応じてキャラクタのコンストラクタを呼び出す
    case GameElem.WALL:    return new Wall(this);
    case GameElem.PLAYER:  return new Player(this);
    case GameElem.ALIEN:   return new Alien(this);
    default:               return null;
  }
}
```

start メソッドでは，次のような移動計算スレッドを生成します。Thread.sleep メソッドの待機処理により数ミリ秒間隔で move メソッドが呼び出され続け，全キャラクタが，ほぼ同時かつ連続的に動くようにします。sleep している間は CPU 負荷がなく，他のスレッド処理がスムーズに稼働します。また，全体的な CPU 使用率も低くなり，移動計算スレッド自身の実行タイミングの精度も維持されるため，結果的に滑らかで安定したキャラクタ移動になります。

move は各キャラクタの種類に応じてオーバーライドされた move メソッドが呼ばれます。例えば，キャラクタが Player なら Player クラスで定義された move が呼ばれ，Alien なら Alien クラスの move が呼ばれます。

```
new Thread() {                          // 移動計算スレッド
  public void run() {
    while (active) {                     // 稼働フラグが真の間ループ
      （moveメソッドで全キャラクタを移動）
      （速度調整のためにsleepで待機）
    }
  }
}.start();
```

　描画処理は，メインスレッドである JavaFX アプリケーションスレッドで行う
必要があり，AnimationTimer クラスを使用します。AnimationTimer の handle
メソッドは，自動的に繰り返し実行され，ゲームなどの連続描画に役立ちます。
ここから呼ばれる draw メソッドでは，move で計算された現在位置を使ってキャ
ラクタを描画します。

```
new AnimationTimer() {                   // 描画タイマー処理
  public void handle(long now) {
    （drawメソッドで全キャラクタを描画）
  }
}.start();
```

　なお，移動計算スレッドの move による座標更新と描画スレッドの draw による
描画の関係において，両者はマルチスレッドで実行されるため，x, y 座標のうち
x のみが更新された時点で描画が起きる可能性があります。AnimationTimer の
handle メソッドは，1 秒間に数十回呼ばれることと，本プログラムの座標増加量
は±1 なので，ずれを体感することは少ないと思われますが，ほんとうは x, y 座
標更新には同期処理を施す必要があります。これにはセマフォなどのプログラミ
ング言語の同期機能を用いるか，フラグの変数を用意して座標更新中であること
がわかるようにして，キャラクタの draw 処理を延期するような工夫も考えられ
ます。今回はゲームの実験バージョンなので，同期処理を省いています。
　ゲームの基盤となるプログラムは出来上がりましたので，次章では NPC の動作
をやや知的にするための機能を追加してみましょう。

第 7 章　自律行動と追跡

7.1　パンくず拾い

☐ 手掛かりを見つけて追跡する

　NPC にプレイヤーを追跡する機能を実装してみましょう。パンくず拾い（Breadcrumb Path finding）は，プレイヤーの通過後に残された痕跡をたどるアルゴリズムです。

　パンくずは，足跡などの痕跡を意味しており，図 7-1 のようにプレイヤーの移動後に一定の距離（個数）のパンくずが残るようにします。NPC は普段はランダムに動き，パンくずのあるユニットに来ると，そこからパンくずのあるユニットを優先的に選択して移動していくことで，プレイヤーを追跡することができます。

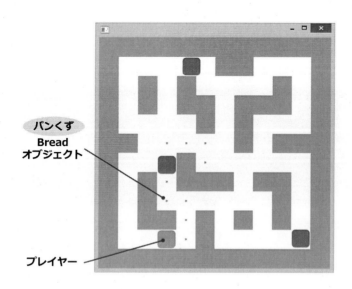

図 7-1　パンくず拾い機能によるゲームプログラムの実行画面

□ パンくず拾い探索エンジンプログラム

　リスト 7-1 は，ゲームの部分プログラムとなるパンくず拾い探索エンジンプログラムです。これを用いて前の章で作成したランダム移動のゲームに機能を追加していきます。

リスト 7-1　Breadcrumbs.java　パンくず拾い探索エンジンプログラム

```java
package ex07;

import ex06.*;

import java.util.LinkedList;
import javafx.scene.paint.Color;
import javafx.scene.shape.Rectangle;

// 位置情報クラス
class Pos {
  int r, c;

  public Pos(int r, int c) {
    this.r = r; this.c = c;
  }

  public boolean equals(Pos p) {            // 位置が等しいか
    return this.r == p.r && this.c == p.c;
  }
}

// パンくず拾いクラス
public class Breadcrumbs {
  int len;
  GameApp app;
  Bread[] bread;
  int[][] map;                              // パンくずが置かれたマップ
  LinkedList<Pos> pList = new LinkedList<Pos>();   // パンくずの位置リスト
  int[][] dirOffset = { { 1, 0 }, { 0, 1 }, { -1, 0 }, { 0, -1} };
  int[] tryPlan = { 0, 1, 3, 2 };           // 前, 右, 左, 後の順で調べる

  public Breadcrumbs(int len, GameApp app) {
```

156　第 7 章　自律行動と追跡

```java
    this.len = len;
    this.app = app;
    bread = new Bread[len];
    for (int i = 0; i < len; i++) bread[i] = new Bread(app);
    map = new int[GameMap.r][GameMap.c];        // パンくずマップ作成(行, 列)

    for (int i = 0; i < len; i++) app.elems.add(bread[i]);
                                                // 描画対象キャラクタに追加
  }

  void drop(int r, int c) {                     // パンくずを落とす
    if (pList.size() > 0) {
      Pos last  = pList.getLast();
      if (r == last.r && c == last.c) return;   // 移動していない
    }
    if (pList.size() >= len) {                   // パンくず長さを超えたら
      Pos pos = pList.removeFirst();             // 古い位置を取り出して
      map[pos.r][pos.c] = 0;                      // マップから消す
    }
    Pos p = new Pos(r, c);
    if (map[r][c] != 0) {
      int idx = -1;
      for (int i = 0; i < pList.size(); i++) {
        if (pList.get(i).equals(p)) idx = i;
      }
      if (idx != -1) pList.remove(idx);         // 既にあればまず消す
    }
    pList.addLast(p);                           // 新たな位置をリストに追加
    map[r][c] = 1;                              // マップに置く
    plotBread();
  }

  void plotBread() {                            // グラフィックス要素位置設定
    int i = 0;
    for (Pos p : pList) {
      int x = (int)((p.c + 0.5) * app.uw - 2);
      int y = (int)((p.r + 0.5) * app.uh - 2);
      bread[i++].setPos(x, y);
    }
  }
```

```
  int trail(int r, int c, int dir) {          // パンくずの方向を探す
    for (int i = 0; i < 3; i++) {
      int tryDir = (dir + tryPlan[i]) % 4;
      int[] d = dirOffset[tryDir];
      if (map[r+d[1]][c+d[0]] == 1) return tryDir;  // 見つかった
    }
    return -1;                                  // 見つからなかった
  }
}

// パンくずキャラクタクラス
class Bread extends GameElem {
  public static final int BREAD   = -1;      // パンくず

  public Bread(GameApp app) {
    super(app);
    Rectangle s = new Rectangle(4, 4);
    s.setFill(Color.CORNFLOWERBLUE);
    setShape(s);
    typ = BREAD;
    setPos(-100, -100);                         // 見えない場所に置いておく
  }
}
```

　Breadcrumbs クラスには，図 7-2 のようにパンくずの有無を表したパンくずマ
ップの変数 map，ルートを位置リストで表現したパンくずリストの変数 pList を
設けています。map は 2 次元 int 型配列で，パンくずの有無を記録します。pList
は LinkedList 型のリストを用いており，各要素には位置情報として定義した Pos
クラスを使用します。LinkedList は双方向の線形リスト構造であり，リストの先
頭や末尾に対する要素の追加削除が高速にできます。これはキューとしてのデー
タ構造に使用でき，今回のパンくずをキュー構造で扱うのに適しています。パン
くずの長さを一定に保つには，パンくずリストの末尾にパンくずを追加し，同時
に先頭から古いパンくずを取り除きます。この操作は，キュー構造の操作方法で
ある FIFO（First In First Out，先入れ先出し）のデータ操作に相当します。

158　第 7 章　自律行動と追跡

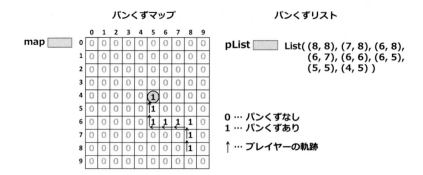

図 7-2　パンくずのデータ構造

プレイヤーがパンくずを落とす場合は，図 7-3 の drop メソッドを呼び出します．pList に対し，1 個落とすたびに古いものから回収（削除）して一定の長さを保ちます．それを，現在パンくずの落ちている位置を記録した map の内容へも反映させます．

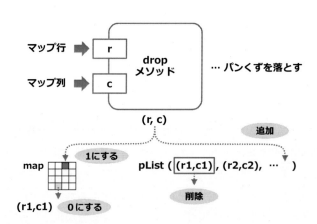

図 7-3　パンくずを落とす drop メソッド

NPC がパンくずをたどる場合は，図 7-4 の trail メソッドによって，どの方向に進めばよいか進行方向を得ます．なお，引数の dir は，現在の進行方向（直進）を優先するための情報です．

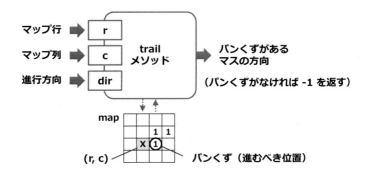

図 7-4　パンくずをたどる trail メソッド

　パンくずの表示については，グラフィックスウィンドウ上にパンくずを表示するために，キャラクタ基本要素の GameElem クラスから Bread クラスを派生させています。パンくず 1 個も 1 キャラクタとして生成することで，キャラクタの位置設定や描画などのしくみを流用することができます。

❑ パンくず拾い探索ゲームプログラム

　リスト 7-2 はパンくず拾い探索ゲームプログラムです。パンくず以外の機能はすべて前章の GameApp クラスを継承しています。

リスト 7-2　GameApp2.java　パンくず拾い探索ゲームプログラム

```java
package ex07;

import ex06.*;

// グラフィックスウィンドウアプリケーションクラス
public class GameApp2 extends GameApp {
  Breadcrumbs bread;                    // パンくずリスト

  public static void main(String[] args) {
    launch(args);                       // JavaFXアプリケーションスレッド起動
  }
```

160　第 7 章　自律行動と追跡

```java
  public void initGame() {
    bread = new Breadcrumbs(15, this);    // 長さを与えてパンくずリスト作成
    super.initGame();
  }

  public GameElem makeElem(int typ) {        // キャラクタ生成
    switch(typ) {
      case GameElem.PLAYER:  return new BreadPlayer(this, bread);
                             // 新たなプレイヤークラス
      case GameElem.ALIEN:   return new BreadAlien(this, bread);
                             // 新たな敵クラス
      default: return super.makeElem(typ);
                             // 他は同じ生成法
    }
  }
}

// パンくず機能を追加したBreadPlayerクラス
class BreadPlayer extends Player {
  Breadcrumbs bread;

  public BreadPlayer(GameApp app, Breadcrumbs bread) {
    super(app);
    this.bread = bread;
  }

  public void move() {
    super.move();                    // まずPlayerのmoveを呼び出す
    if (reached) bread.drop(r,c);    // ユニットを移動したらパンくず落とす
  }
}

// パンくず機能を追加したBreadAlienクラス
class BreadAlien extends Alien {
  Breadcrumbs bread;

  public BreadAlien(GameApp app, Breadcrumbs bread) {
    super(app);
    this.bread = bread;
  }
```

```java
public void nextMove() {
  nextMoveBread();
}

public void nextMoveBread() {        // パンくず探索による移動
  if (reached) {                     // 別ユニットにぴったり到達した場合
    int tryDir = bread.trail(r, c, dir);
    if (tryDir != -1) {              // パンくず発見
      nextDir = tryDir;
    } else {                         // ランダム方向転換
      nextDir = Math.random() < 0.005 ?
          (dir + (int)(1 + Math.random() * 3)) % 4 : dir;
    }
  } else {
    nextDir = dir;
  }
}
```

　GameApp2 クラスでは new Breadcrumbs(15, this)によって，長さ 15 のパンくずオブジェクトを生成します。キャラクタ生成処理の makeElem 内では Playerを BreadPlayer に，Alien を BreadAlien に置き換えています。新たに定義したBreadPlayer と BreadAlien クラスは，それぞれ Player と Alien クラスを継承します。さらに，BreadPlayer にはパンくずを落とす機能を，BreadAlien にはパンくずを追跡する機能を実装しています。

　BreadPlayer クラスでは移動時にパンくずを落とすので，move メソッドをオーバーライドして Breadcrumbs クラスの drop メソッドを呼び出します。またBreadAlien クラスでは移動方向を決定する nextMove メソッドをオーバーライドし，nextMoveBread メソッド経由で Breadcrumbs クラスの trail メソッドを呼び出しています。

　本バージョンでは，NPC はパンくずの新しさまでは判定しませんので，逆方向に追跡する場合があります。また，追跡中に他の NPC と衝突すると，パンくずがあっても移動できないため，はじかれてパンくずルート上から離脱するケースもあります。

7.2 A*アルゴリズム

❏ ターゲットまでの最適ルート

ターゲットまでの複数のルートから最適ルートを求める手法に A*（A スター，A-star）アルゴリズムがあります。これは目標位置へ最も少ない手順で到達できる最短ルートを探索するアルゴリズムです。

この機能を NPC の一つに装備し，図 7-5 のようにプレイヤーを最適ルートで追跡するようにします。しかし，プレイヤーは常に移動しているため，それに応じて最適ルートも再探索する必要があります。さらに，他の NPC が追跡ルート上に移動してきたら，道が塞がってしまいルートが無効となってしまいます。このようなリアルタイムに状況変化する動的なマップ状態に対し，定期的な最適ルート探索を実行することで，継続的な追跡機能を実装します。

今回は，追跡者 NPC が 1 ユニット進むたびに最適ルートを再計算するようにします。追跡者 NPC には，A*アルゴリズムエンジンを装備し，1 ユニット進んだ時点で，次にどの方向へ移動すべきかを A*アルゴリズムで得た最適ルートから決定します。

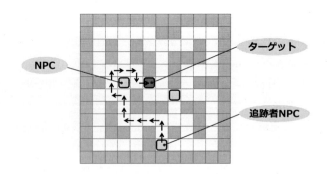

図 7-5　A*アルゴリズムによる最適追跡ルート

A*アルゴリズムは，以下のような初期設定および繰り返し処理による手順で最適ルートを探索します。

7.2 A*アルゴリズム

【初期設定】
- 最初に，現在位置のユニットを open リストに入れ，open 状態にする。

【繰り返し処理】
- open リストから，中心ユニットを選ぶ。複数ある場合は，最小コストのものを選ぶ。
- 中心ユニットを open リストから削除し，closed 状態にする。
- 中心ユニットに隣接し，かつ移動可能で，かつ未 open 状態のユニットを選ぶ。
- 選んだ隣接ユニットについて，コストを計算する。
- 選んだ隣接ユニットを，open リストに入れ，open 状態にする。
- 選んだ隣接ユニットには，移動元として中心ユニットを記憶させておく。

はじめに，まず図 7-6 のように追跡者 NPC のいるユニットをスタート（S），プレイヤーのいるユニットをゴール（G）とし，初期設定として S のユニット位置を open リストに追加し，S のユニットを open 状態にします。プログラムでは，open リスト用にリストデータを用意し，さらにユニットの open 状態を記憶するためにマップと同サイズの配列を用意しておきます。

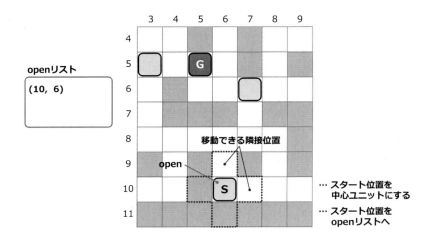

図 7-6　ルート探索（初期状態）

164　第 7 章　自律行動と追跡

　毎回の繰り返し処理において，次はどの方向を探索すべきかを決める際，その調査候補となるのが open リストです。open リストへ追加されるものは，中心ユニットから移動可能な隣接ユニット（図 7-6 では S の上と右）です。open リストには複数のユニットが溜まっていき，そこから最適なものを中心ユニットとして選択しますが，最適である基準として，G までの移動コストに注目します。

　図 7-7 は，最初の探索ステップです。open リストからユニットを取り出して，中心ユニットとします。最初は open リストに S のユニット 1 つしか入っていないのでそれが中心ユニットです。中心ユニット(10,6)は，open 状態から closed 状態に変更し，open リストから削除します。次に，そこから移動できる隣接ユニットについて調べていきますが，中心ユニットの S に対し，隣接ユニットは S の上下左右の十字位置のうち，壁や他の NPC のない空いている道のユニットが対象となります。この場合は S の上と右の隣接ユニットです。これらについて，コストを計算します。コストは，S からの移動ステップ数＋G への距離（壁，他の NPC は無視）で求め，それぞれ 1+5=6 と 1+7=8 となります。G への距離計算はヒューリスティック関数と呼ばれ，ゴールまでの推定値を意味します。これらのユニットを open 状態にし，open リストに追加します。さらに，中心ユニットを移動元として記憶します（図の矢印が移動元を表している）。

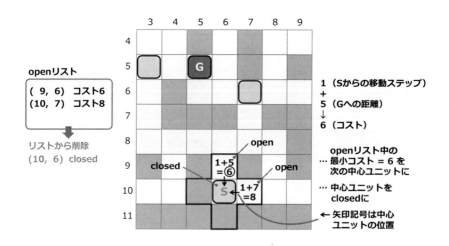

図 7-7　ルート探索（ステップ 1）

7.2 A*アルゴリズム

次のステップでは同様の操作を行います。まず，openリストから中心ユニットを取り出します。新たな中心ユニットは現在の open リストでコストが最小のものを選びます。この場合，ユニット(9,6)がコスト=6 で最小となります。これを中心ユニットとし，図7-8のように中心ユニット(9,6)をclosed状態にしてopenリストから削除します。そして，隣接ユニットは移動可能かつ未open のものを選びます。今回は，ユニット(8,6)の1個です。選んだ隣接ユニットに対し，コスト計算（2+4=6），open 状態への変更，openリストへの追加，移動元の記憶を行います。

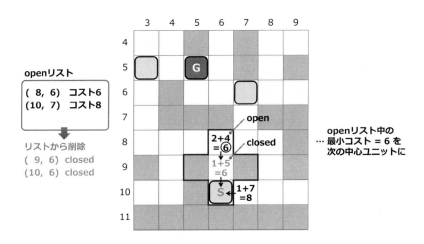

図7-8　ルート探索（ステップ2）

次のステップも同様です。現在の open リスト中にある最小コスト（=6）のユニット(8,6)を中心ユニットに選びます。図 7-9 のように，中心ユニット(8,6)をopen リストから削除してclosed 状態へ変更します。そして隣接ユニットとして移動可能かつ未open ユニットを選び，コスト計算，open への変更，openリストへの追加，移動元の記憶を行います。

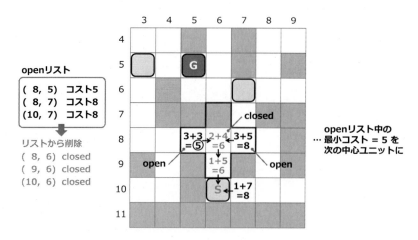

図 7-9　ルート探索（ステップ 3）

　以上のような探索ステップを，G までの距離が 1 になるまで繰り返していきます。図 7-10 は，最終ステップの状態です。これまでのステップの繰り返しでは，中心ユニットを closed 状態にすることで通過済みルートとし，隣接ユニットはそこから移動可能なルートとして選択しました。このとき open 済みのユニットは重複処理しないように未 open のユニットを対象としています。そして次なる移動先である中心ユニットは，最小コストによって決定しています。コストは S から何ユニット移動してきたかと G までの概算距離を加算します。これによって最短と思われるルートを優先的に調べていきます。

　最終的に G の手前まで来ると G までの概算距離が 1 なので，コストは S から G への最小実移動数となり，これが最適ルートを意味します。仕上げとして記憶しておいた移動元ユニット（矢印マーク）をたどって S まで戻ればその道筋が最適ルートとして得られます。

　図 7-10 の最終作業状態を見ると，コスト計算においてゴールへの推定値をもとに最短距離を優先的に調べていくので，無駄なマスは調べていないことがわかります。

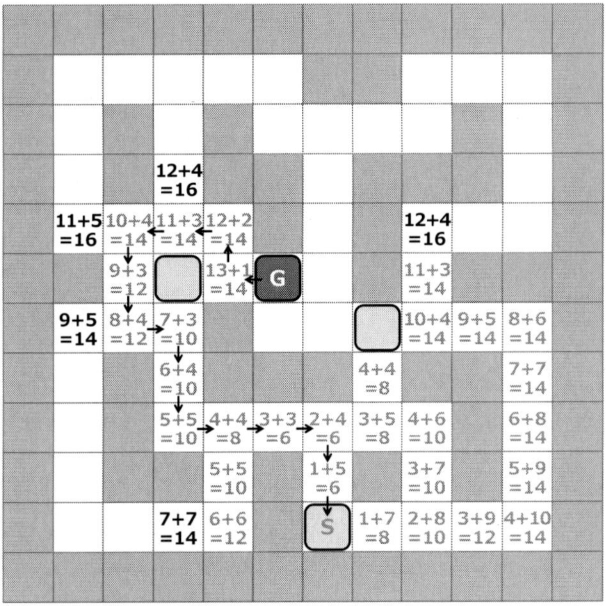

図 7-10　ルート探索（ゴール到着）

❏ A*アルゴリズム追跡エンジンプログラム

リスト 7-3 はゲームの部分プログラムとなる A*アルゴリズム追跡エンジンプログラムです。ユニット情報を記憶するための **AStarUnit** クラスと A*アルゴリズムエンジンの **AStar** クラスを作成します。

リスト 7-3　AStar.java　A*アルゴリズム追跡エンジンプログラム

```java
package ex07;

import java.util.ArrayList;
import java.util.LinkedList;
import java.util.List;

import ex06.*;

// A*用ユニット情報クラス
class AStarUnit {
```

```
  int r, c;
  int open = 0;                // オープン状態
  int movement = 0;            // スタートからの移動数
  int distance = 0;            // ゴールまでの距離
  int totalCost = 0;           // コスト
  AStarUnit from = null;       // 移動元ユニット

  public AStarUnit(int r, int c) {
    this.r = r; this.c = c;
  }

  void calcCost(int targetR, int targetC) {         // コスト計算
    movement = Math.abs(r - from.r) + Math.abs(c - from.c) +
                                          from.movement;
    distance = Math.abs(r - targetR) + Math.abs(c - targetC);
    totalCost = movement + distance;
  }
}

// A*アルゴリズムエンジンクラス
public class AStar {
  GameApp app;
  int mapR, mapC;                        // マップサイズ
  AStarUnit[][] aMap;                    // A*用作業マップ
  int[][] AStarDir = { { -1, 0 }, { 1, 0 }, { 0, -1 }, { 0, 1 } };
  LinkedList<AStarUnit> openList = new LinkedList<AStarUnit>();
                                         // オープンリスト
  Route routeLine;                       // ルートのPolyline用キャラクタ

  public AStar(GameApp app) {
    this.app = app;
    routeLine = new Route(app);
    app.elems.add(routeLine);
    mapR = GameMap.r;
    mapC = GameMap.c;
    aMap = new AStarUnit[mapR][mapC];
    for (int i = 0; i < mapR; i++) {
      for (int j = 0; j < mapC; j++)
        aMap[i][j] = new AStarUnit(i, j);
    }
  }
```

7.2 A*アルゴリズム 169

```java
AStarUnit search(int r, int c, Player target){   // A*探索エンジン
  // Polyline用のDouble型のリスト用意
  List<java.lang.Double> a = new ArrayList<java.lang.Double>();
  if (!searchRoute(r, c, target.r, target.c)) {    // 最適解探索
    routeLine.pos = a;
    return null;
  }
  LinkedList<AStarUnit> route = new LinkedList<AStarUnit>();
  AStarUnit unit = aMap[target.r][target.c];       // 目的地点
  while (!(unit.r == r && unit.c == c)) {           // 開始地点まで遡る
    route.addFirst(unit);                           // 最適ルートに追加
    unit = unit.from;
  }
  for (AStarUnit u : route) {
    a.add(u.c * app.uw + app.uw * 0.5);            // x座標
    a.add(u.r * app.uh + app.uh * 0.5);            // y座標
  }
  routeLine.pos = a.subList(0, a.size() - 1); // Polyline用座標に設定
  return route.getFirst();                          // 最適ルートの1歩目を返す
}

boolean movable(int r, int c) {                     // 移動可能か調べる
  if (app.map[r][c] == GameElem.WALL) return false;
  for (GameElem e : app.elems) {
    if (e.typ == GameElem.ALIEN && e.r == r && e.c == c)
      return false;
  }
  return true;
}

AStarUnit minByCost() {           // オープンリストから最小コストのものを探す
  AStarUnit m = null;
  for (AStarUnit u : openList)
    if (m == null || m.totalCost > u.totalCost) m = u;
  return m;
}

// 最適解探索
boolean searchRoute(int startR, int startC, int targetR,
                    int targetC) {
```

```
      for (AStarUnit[] uu : aMap) {
        for (AStarUnit u : uu) u.open = 0;        // 未オープンにしておく
      }
      AStarUnit unit = aMap[startR][startC];      // 開始ユニット
      unit.open = 1;                              // オープンにする
      openList.clear();
      openList.add(unit);                         // オープンリストに入れる
      while (!openList.isEmpty()) {
        AStarUnit minUnit = minByCost() ;         // 最小コストのものを選択
        if (minUnit.r == targetR && minUnit.c == targetC) return true;
        minUnit.open = -1;                        // クローズドにする
        openList.remove(minUnit);                 // オープンリストから削除
        for (int[] dir : AStarDir) {              // 周囲のユニットを調べる
          int r = minUnit.r + dir[0];
          int c = minUnit.c + dir[1];
          if (r >= 0 && c >= 0 && r < mapR && c < mapC) {
            AStarUnit around = aMap[r][c];
            if (around.open == 0 && movable(r, c)) {
              around.open = 1;                    // オープンにする
              openList.addFirst(around);          // オープンリストに追加
              around.from = minUnit;              // どこから来たか記憶
              around.calcCost(targetR, targetC); // コスト計算
            }
          }
        }
      }
      return false;             // ターゲットまでたどりつけるルートがなかった
  }
}
```

ユニット情報の AStarUnit クラスには，変数として open 状態（open），コスト値（totalCost），移動元ユニット（from）を含みます。calcCost メソッドはコスト計算を行います。また，A*アルゴリズムエンジンの AStar クラスには AStarUnit オブジェクトの配列（aMap），open リスト（openList）を含みます。search メソッドは現在位置からターゲットであるプレイヤーまでの最適ルートを求め，進むべき 1 歩目のユニット情報を返します。

表示処理として，最適ルート（軌跡）をグラフィックスウィンドウ上に表示する

ために Route オブジェクトの変数を用います。これは，この後のプログラム内で宣言しており，最適ルートの各座標情報などを持つものです。

❏ A*アルゴリズム追跡ゲームプログラム

図 7-11 は，A*アルゴリズムによるゲームプログラムの実行画面です。追跡機能を実装した NPC によって常にプレイヤーが追われます。

リスト 7-4 は，A*アルゴリズム追跡ゲームプログラムです。グラフィックスウィンドウアプリケーションの GameApp3，最適ルートのグラフィックス表示用の Route クラス，追跡機能を実装した NPC の新バージョンである AStarAlien クラスを作成します。

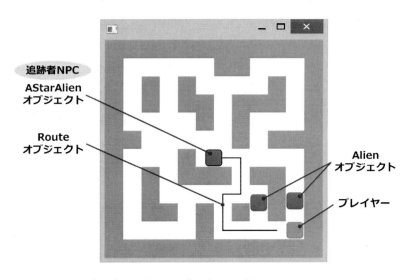

図 7-11　A*アルゴリズム追跡ゲームプログラムの実行画面

リスト 7-4　GameApp3.java　A*アルゴリズム追跡ゲームプログラム
```
package ex07;

import java.util.ArrayList;
import java.util.List;
```

172 第 7 章 自律行動と追跡

```java
import ex06.*;
import javafx.scene.paint.Color;
import javafx.scene.shape.Polyline;

// グラフィックスウィンドウアプリケーションクラス
public class GameApp3 extends GameApp2 {
  AStarAlien astarAlien = null;

  public static void main(String[] args) {
    launch(args);                    // JavaFXアプリケーションスレッド起動
  }

  public void initGame() {                     // ゲーム初期化
    super.initGame();
    if (astarAlien != null)
      astarAlien.initAStar(this);              // A*追跡Alienの初期化
  }

  public GameElem makeElem(int typ) {          // キャラクタ生成
    switch (typ) {
      case GameElem.PLAYER:  return new Player(this);
      case GameElem.ALIEN:
        if (astarAlien == null) {              // 追跡NPCを1つにするため
          astarAlien = new AStarAlien(this, bread);
                                               // このNPCを追跡者にする
          astarAlien.s.setStroke(Color.BLACK); // 枠線を強調
          return astarAlien;
        } else {
          return new Alien(this);              // 他は普通のNPC
        }
      default: return super.makeElem(typ);     // 他は同じ生成法
    }
  }
}

// Routeキャラクタクラス
class Route extends GameElem {
  public static final int ROUTE = -2;       // 追跡ルート

  List<java.lang.Double> pos = new ArrayList<java.lang.Double>();
```

```
    boolean visible = true;
    Polyline p = new Polyline();     // Polylineでルート表現する

    public Route(GameApp app) {
      super(app);
      p.setStrokeWidth(2);
      setShape(p);
      typ = ROUTE;
    }

    public void draw() {            // ルートの描画
      p.setVisible(visible);
      if (pos != null) {            // ルートが変更されたならPolylineを再セット
        p.getPoints().clear();      // Polylineをクリアして座標を再設定する
        p.getPoints().addAll(pos);
        pos = null;
      }
    }
}

// パンくず, A*を追加したAStarAlienクラス
class AStarAlien extends BreadAlien {
  AStar astar;                      // A*エンジン
  Player targetPlayer = null;       // 追跡対象

  public AStarAlien(GameApp app, Breadcrumbs bread) {
    super(app, bread);
    astar = new AStar(app);         // A*エンジン作成
  }

  public void initAStar(GameApp app) {
    for (GameElem e : app.elems) {
      if (e.typ == GameElem.PLAYER) targetPlayer = (Player)e;
                                    // 追跡対象設定
    }
  }

  int getDir(int nextR, int nextC) {        // 行と列から方向を得る
    int dy = nextR - r;
    int dx = nextC - c;
    for (int i = 0, n = dirOffset.length; i < n; i++) {
```

```
      if (dirOffset[i][0] == dx && dirOffset[i][1] == dy) return i;
    }
    return -1;
  }

  public void nextMove() {
    nextMoveAStar();
  }

  void nextMoveAStar() {              // A*アルゴリズムによる移動
    if (reached) {                    // 別ユニットに移動するとき再探索
      nextDir = -1;
      AStarUnit unit = astar.search(r, c, targetPlayer);
                                       // 最適ルート探索
      if (unit != null) {             // 最適ルート発見
        nextDir = getDir(unit.r, unit.c);
      }
      if (nextDir == -1) {            // ランダム方向転換
        nextDir = Math.random() < 0.005 ?
                  (dir + (int)(1 + Math.random() * 3)) % 4 : dir;
      }
    } else {
      nextDir = dir;
    }
  }
}
```

GameApp3 クラスでは，makeElem メソッドをオーバーライドし，キャラクタの
オブジェクト生成方法を変更します。今回は，NPC の 1 つだけを追跡機能を持つ
AStarAlien クラスで生成し，残りの NPC は旧式の Alien クラスで生成します。
そして，initGame メソッドをオーバーライドし，AStarAlien で生成された追跡
者 NPC に対し，initAStar メソッド内でターゲットのキャラクタを設定します。
ターゲットとは，すなわち Player です。

Route クラスは GameElem クラスを継承し，これもキャラクタ同様の扱いとし
ています。他のキャラクタとの違いは，移動しないこと，図形がポリゴン（道筋を
表す折れ線）であることなどです。

AStarAlien クラスは基本機能を BreadAlien クラスから継承します。これは，

次節でパンくず追跡と A*アルゴリズムの両方の機能を有した NPC を作るためです。パンくずと A*の各エンジン部分をクラスとした場合，2 つのクラスから継承する，いわゆる多重継承はできません。今回は，プログラムをシンプルにするために，パンくず NPC から派生した A*NPC，A*NPC から派生した新種 NPC クラスを作ることにしました。

　移動先を決定する moveNext メソッドでは，毎回，別ユニットに到着するタイミングで AStar オブジェクトの search メソッドを呼び出して，A*アルゴリズムによる最適ルート探索を実行します。そうして，リアルタイムに現在位置から次に進むべき方向を決定しています。

　プログラムを実行すると，変化するゲーム状況に応じて最適ルート探索が行われ，プレイヤーを追跡していきます。最適ルートの途中を他の NPC がさえぎった場合は別のルートが検索されます。これは，A*アルゴリズムで隣接ユニットを選択する際，NPC のいない移動可能なユニットを選択する処理によるものです。

　なお，A*アルゴリズムは最適で無駄のない追跡手法なので，確実にプレイヤーに迫り，プレイヤーが移動ミスやもたついたりすると距離が縮まっていきます。他の NPC を利用するなどして，うまくかわすしかありません。このような場合，ゲームを面白くするために A*による追跡に時間制限を設ける機能，通路や障害物を移動させることができるような機能，あるいは NPC と互角以上に戦闘できる攻撃機能などを実装することで，ゲームの面白さが増していきます。

7.3　有限状態マシン

❏ NPC の自律行動システム

　さらに NPC の行動パターンにバリエーションをつけ，自律性を高めてみましょう。ここでは有限状態マシン（Finite State Machine, FSM）の手法を使います。

　有限状態マシンは，各個体がそれぞれ状態（state）を持ち，ある事象（イベント，event）によって別の状態に遷移していくしくみです。例えばターゲットのプレイヤーを追いかける「追跡」状態において「接触」というイベントが発生すると「攻撃」状態に遷移します。

これから作るプログラムにおいて，このような状態とイベントの関係について図 7-12 のような状態遷移図（State Transition Diagram，STD）で表します。

状態遷移図の丸記号は状態を表し，矢印はイベントと遷移先の状態を示しています。イベントにはプログラム中の変数を使った条件式を用い，energy（エネルギー）と intelligence（知性）を数値で表し，touched はプレイヤーに接触したかを真理値で表します。状態遷移は，ある状態においてイベントの条件式が真になると，矢印に従って状態を進める動作を行います。

初期状態は MOVE（移動）状態で始まります。energy が溜まってくると SEARCH（探索）状態になります。また，intelligence が一定以上では CHASE（追跡）状態になります。そして SEARCH および CHASE 状態において energy がゼロになると，いったん MOVE 状態に遷移します。また，touched が真になると，ATTACK（攻撃）状態に遷移します。NPC が ATTACK するとエネルギーを大量に消費し，攻撃できない ESCAPE（逃避）状態になります。ESCAPE から遷移できるのは SLEEP（休止）状態のみなので，攻撃などは行いません。ESCAPE で少し移動したのち SLEEP になり，エネルギーの回復を待ちます。その後，MOVE に戻ります。

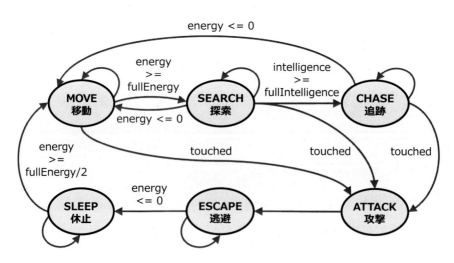

図 7-12　状態遷移図

表 7-1 は energy と intelligence に対してどのように値を増減させるか，あるいは各状態で使用する移動アルゴリズムなどについて設定したものです。一方的に攻撃し続けるような強靭な NPC だとゲームが成立しなくなるため，特性や弱点などを設定するとより面白くなるでしょう。今回は簡易バージョンとして単純な設定にしています。

攻撃回数が増えると intelligence が増加し，より知的な追跡手法（A*アルゴリズム）を用いるようになります。処理を単純にするために ESCAPE の移動アルゴリズムにはランダムを用いていますが，例えば，移動可能ユニットのうち，プレイヤーからの距離が最大のものを選ぶことで，プレイヤーから離れていくような処理にするともっと逃避らしくなります。このように，機能を追加し，状態遷移および動作設計を自由に設定することで，ゲームがより面白くなっていきます。

表 7-1　各状態の動作設計

状態	攻撃に遷移可能	移動アルゴリズム	energy エネルギー	intelligence 知性
MOVE　移動	○	ランダム	+0.1（充填）	
SEARCH 探索	○	パンくず	-0.05（消費）	
CHASE　追跡	○	A*	-0.1（消費）	
ATTACK 攻撃		（停止）	-10（消費）	+1（向上）
ESCAPE 逃避		ランダム		
SLEEP　休止		（停止）	+0.1（充填）	

❏ 有限状態マシンプログラム

リスト 7-5 は，ゲームの部分プログラムとなる有限状態マシンのプログラムです。処理内容はちょうど状態遷移図をプログラムで記述した形になっています。ゲームとしての設定は，図 7-12 および表 7-1 を反映したものです。

リスト 7-5　FSM.java　有限状態マシンプログラム

```
package ex07;
```

178 第 7 章 自律行動と追跡

```java
// 有限状態マシンクラス
public class FSM {
  static final int  MOVE   = 1;    // 移動(エネルギー貯える)
  static final int  SEARCH = 2;    // 探索(エネルギーやや消費する)
  static final int  CHASE  = 3;    // 追跡(エネルギー消費する)
  static final int  ATTACK = 4;    // 攻撃(エネルギーゼロになる, 知性上がる)
  static final int  ESCAPE = 5;    // 逃避(エネルギー低下)
  static final int  SLEEP  = 6;    // 休止(エネルギー貯える)

  int state              = MOVE;   // 状態
  double energy          = 50.0;   // エネルギー
  double intelligence    = 8.0;    // 知性
  boolean touched        = false;  // 接触したか
  int fullEnergy         = 100;    // エネルギー満タン
  int fullIntelligence   = 10 ;    // 知性高レベル

  static String[] stateLabel =
    { "", "Move", "Search", "Chase", "Attack", "Escape", "Sleep" };

  void action() {                       // 状態遷移処理を行う
    switch(state) {
    case MOVE:                          // 移動状態のとき
      if (touched) state = ATTACK ;     // プレイヤーに接触したら攻撃する
      // 移動中はエネルギー充てん
      else if (energy < fullEnergy) energy += 0.1;
      // エネルギーが溜まったら探索に移行
      else if (energy >= fullEnergy) state = SEARCH;
      break;

    case SEARCH:                        // 探索状態のとき
      energy -= 0.05  ;                 // 探索中はエネルギー消費
      if (energy <= 0) state = MOVE;    // エネルギー切れたら移動に移行
      else if (touched) state = ATTACK; // プレイヤーに接触したら攻撃する
      // 知性が高ければ追跡に移行
      else if (intelligence >= fullIntelligence) state = CHASE;
      break;

    case CHASE:                         // 追跡状態のとき
```

```
      energy -= 0.1;                     // 追跡中はエネルギー消費
      if (energy <= 0) state = MOVE;      // エネルギー切れたら移動に移行
      else if (touched) state = ATTACK;   // プレイヤーに接触したら攻撃する
      break;

    case ATTACK:                          // 攻撃状態のとき
      energy = Math.max(0, energy - 10);  // 攻撃したらエネルギー消費
      intelligence += 1;                  // 攻撃経験により知性を上げる
      state = ESCAPE;                     // 攻撃後は逃避に移行
      break;

    case ESCAPE:                          // 逃避状態のとき
      energy -= 0.1;                      // エネルギー低下していく
      if (energy <= 0) state = SLEEP;     // エネルギー切れたら休止に移行
      break;

    case SLEEP: // 休止状態のとき
      if (energy < fullEnergy) energy += 0.1;//休止中はエネルギー充てん
      // エネルギーが半分溜まれば移動へ移行
      if (energy >= fullEnergy/2) state = MOVE;
      break;
    }
  }
}
```

❏ 有限状態マシンゲームプログラム

図 7-13 とリスト 7-6 は，有限状態マシンによるゲームプログラムの実行画面
とリストです。各 NPC には，現在の状態（Move, Search, Chase, Attack, Escape,
Sleep）とエネルギーを表示させています。

180　第 7 章　自律行動と追跡

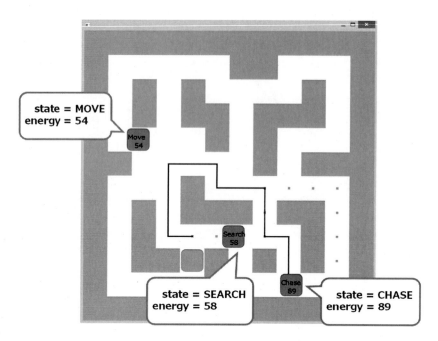

図7-13　有限状態マシンゲームプログラムの実行画面

リスト7-6　GameApp4.java　有限状態マシンゲームプログラム

```
package ex07;

import ex06.*;
import javafx.scene.text.Font;
import javafx.scene.text.Text;

// グラフィックスウィンドウアプリケーションクラス
public class GameApp4 extends GameApp2 {
  public static void main(String[] args) {
    launch(args);                        // JavaFXアプリケーションスレッド起動
  }

  public void initGame() {               // ゲーム初期化
    super.initGame();
    for (GameElem e : elems) {
      if (e.typ == GameElem.ALIEN) ((FSMAlien)e).initAStar(this);
    }
```

```
  }

  public GameElem makeElem(int typ) {          // キャラクタ生成
    switch (typ) {
      case GameElem.PLAYER:  return new FSMPlayer(this, bread);
                                               // 新たなプレイヤークラス
      case GameElem.ALIEN:   return new FSMAlien(this, bread);
                                               // 新たな敵クラス
      default: return super.makeElem(typ);
                                               // 他は同じ生成法
    }
  }
}

// パンくず，有限状態マシンを追加したFSMPlayerクラス
class FSMPlayer extends BreadPlayer {
  int atteckWait = 0;

  public FSMPlayer(GameApp app, Breadcrumbs bread) {
    super(app, bread);
  }

  public void move() {
    if (atteckWait > 0) {                      // 攻撃ダメージ中
      atteckWait -= 1;
      return;
    }
    super.move();
  }
}

// パンくず，A*，有限状態マシンを追加したFSMAlienクラス
class FSMAlien extends AStarAlien {
  FSM fsm;                                      // 有限状態マシン
  FSMPlayer touchedPlayer;                      // 接触プレイヤー
  int atteckWait = 0;
  Text text;

  public FSMAlien(GameApp app, Breadcrumbs bread) {
    super(app, bread);
    fsm = new FSM();                            // 有限状態マシン作成
```

182 第 7 章 自律行動と追跡

```java
    text = new Text("");                    // 状態表示用
    text.setFont(Font.font ("MeiryoUI", 11));
    app.shapes.add(text);
  }

  public void  draw() {                      // 描画
    super.draw();
    text.setX(x + 3);
    text.setY(y + app.uh*0.5);
    text.setText(FSM.stateLabel[fsm.state] + "¥n   " +
              (int)fsm.energy);         // 状態とエネルギーも描画
  }

  public void nextMove() {     // 移動先は有限状態マシンで決定する
    fsm.action();              // 状態を遷移させる
    switch (fsm.state) {
      case FSM.SEARCH:  nextMoveBread();     // パンくず拾い
                        break;
      case FSM.CHASE:   nextMoveAStar();     // A*アルゴリズム
                        break;
      case FSM.ATTACK:  atteckWait = 50;     // 攻撃
                        touchedPlayer.atteckWait = 100;
                        break;
      case FSM.SLEEP:   break;               // 休止中は処理なし
      case FSM.MOVE:
      case FSM.ESCAPE:  nextMoveRandom();    // ランダム
                        break;
    }
  }

  public void move() {
    if (atteckWait > 0) {            // 攻撃中
      atteckWait -= 1;
      return;
    }
    nextMove();                      // 次の移動先を決定
    astar.routeLine.visible = fsm.state == FSM.CHASE;
    // プレイヤーとの衝突判定
    if (fsm.state == FSM.ESCAPE) {  // 逃避中は接触無視
      touchedPlayer = null;
```

```
      } else {
        touchedPlayer = null;
        for (GameElem e : app.elems) {
          if (e instanceof FSMPlayer) {
            FSMPlayer p = (FSMPlayer)e;
            if (Math.abs(p.x -(x + dirOffset[nextDir][0])) < app.uw &&
              Math.abs(p.y -(y + dirOffset[nextDir][1])) < app.uh) {
              touchedPlayer = p;
            }
          }
        }
      }
      fsm.touched = touchedPlayer != null;
      // 攻撃中か休止中は移動しない
      if (fsm.touched || fsm.state == FSM.SLEEP) return;
      moveExec();                       // 移動実行
  }
}
```

　FSMAlien クラスは，有限状態マシンを実装した新たな NPC です。移動アルゴ
リズムに，パンくず拾いと A*アルゴリズムを使用するので，それらの機能を有し
た AStarAlien クラスから継承します。FSMAlien クラスでは有限状態マシンの
FSM クラスのオブジェクトを変数 fsm として生成しており，これを次のように
nextMove メソッド内で fsm.action()を呼び出して状態を遷移させ，その状態
（state）に応じ，どのアルゴリズムで移動するかを決定しています。

```
public void nextMove() {    // 移動先は有限状態マシンで決定する
  fsm.action();             // 状態を遷移させる
  switch (fsm.state) {
    case FSM.SEARCH:   （パンくず拾いを使って移動する）
    case FSM.CHASE:    （A*アルゴリズムを使って移動する）
    case FSM.ATTACK:   （攻撃）
    case FSM.SLEEP:    （休止中は処理なし）
    case FSM.MOVE:     （ランダムに移動する）
    case FSM.ESCAPE:   （ランダムに移動する）
  }
}
```

第 8 章　機械学習と
　　　　ニューラルネットワーク

8.1　ニューラルネットワーク

❏ ニューロンモデル

　ニューラルネットワーク（Neural Network, NN）は，人間の神経網を模倣するような情報処理システムであり，学習機能を持ちパターン認識などに応用されています。

　ニューラルネットワークは，図 8-1 のようなニューロンモデル（単純パーセプトロン，Perceptron）を基本構造として，ニューロン（ユニット）をネットワーク状に結合して構成したものです。

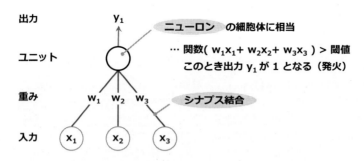

図 8-1　ニューロンモデル（単純パーセプトロン）

　人間のニューロンは，核となる細胞体と複数のシナプスで構成され，他のニューロンとネットワーク状に結合しています。そして複数のニューロンから送られた信号からそのニューロンの細胞体が活性化し，いわゆる発火状態となり，これ

を他のニューロンへと伝えていきます。このような神経ネットワークでは，学習によって特定の刺激パターンを与えると発火して反応を示すようになります。それがパターンを学習して何であるかを判断するしくみとなるわけです。

ニューラルネットワークでの学習とは，ニューロン間を結合するシナプスの結合度合いを荷重値（重み）として記憶することです。例えば信号が `0.8` で重みが `0.5` なら伝えられる信号は `0.8×0.5=0.4` になります。

❏ ロジスティック回帰と学習

単純パーセプトロンの構造を持つ計算手法として，図 8-2 のロジスティック回帰（Logistic regression）モデルがあります。これは複数の変数（入力）から発生確率（出力）を予測する手法であり，例えば商品 A，B を購入した客が商品 C を購入する確率は？といった複数の変数に対する回帰分析（変数の関係性から値を予測すること）です。

ロジスティック回帰の構造は単純パーセプトロンと同じであり，ニューラルネットワークの一種と位置付けてもいいでしょう。出力計算にはロジスティック関数を用いて `0.0`〜`1.0` の出力値をとります。

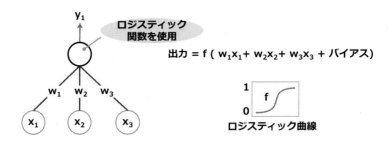

図 8-2　ロジスティック回帰モデル

ロジスティック回帰による出力が `0` か `1` かの判定機能を発展させ，複数の種類を分類する多クラス分類ができます。

図 8-3 の多クラスロジスティック回帰では，出力ユニットを複数にしてどの出

力が 1 に近いかで，どのパターンであるかを分類するしくみです。出力計算にはソフトマックス関数を用いて全出力合計が 1 になるように調整します。

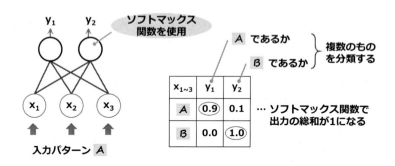

図 8-3　多クラスロジスティック回帰

　多クラスロジスティック回帰は，パターン認識に使うことができます。それには入力パターンを与えて，それが何であるかを教える（教師信号を与える）といった「学習」処理を繰り返していきます。

　学習のしかたは，図 8-4 のように異なる種類のパターンを入力して，それぞれ何であるかを教えます。これは教師あり学習といいます。「教える」というのは，正しい出力信号を与えて，それに近づくように重みの値を修正することであり，この処理を繰り返すことが「学習」に相当します。

　適切に学習を終えると，学習に使ったパターンは正しく認識できます。そしてそれらとは多少違っているパターンでも認識できることがあります。これを汎化能力（generalization ability）といい，ニューラルネットワークの重要な目的のひとつです。例えば，手書き文字は同じ人間でさえ毎回微妙に異なる文字の形を描きますが，その微妙な違いを許容範囲として認識できる能力が汎化能力です。人間もこれと同じような能力を持っており，形や音などのパターンを認識するのに欠かせない機能です。

　ただし，学習処理を繰り返しすぎると，逆に汎化能力が失われていきます。これを過学習（overfitting）といいます。教えられたものと全く同じものは 100% 認識できるのに，少しでも異なると認識できなくなる極端な学習状態と言えるでし

よう。

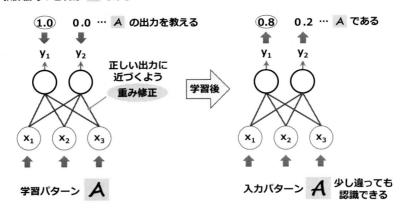

図 8-4　パターンの学習と汎化能力

❏ ロジスティック回帰プログラム

リスト 8-1 は，パターン認識の部分プログラムとなるロジスティック回帰プログラムであり，多クラス分類ができるものです。

リスト 8-1　Logistic.java　ロジスティック回帰プログラム

```
package ex08;

// ロジスティック回帰クラス
public class Logistic {
  int n, m;                // 入力数, 出力数
  double[][] w;            // 重み
  double[] b;              // バイアス
  double[][] wDelta;       // 重み修正値
  double[] bDelta;         // 中間層修正値
  double[] bTmp;           // 中間層作業変数
  double[] out;            // 出力層
  double[] err;            // 出力差
```

188　第 8 章　機械学習とニューラルネットワーク

```java
public Logistic(int n, int m) {
  this.n = n; this.m = m;
  w = new double[m][n];
  b = new double[m];
  wDelta = new double[m][n];
  bDelta = new double[m];
  bTmp = new double[m];
  out = new double[m];
  err = new double[m];
  for (int i = 0; i < n; i++) {
    for (int j = 0; j < m; j++)
      w[j][i] = (Math.random() * 2 - 1) * 0.01;   // 重み初期化
  }
  for (int j = 0; j < m; j++) b[j] = 0.0;         // バイアス初期化
}

void softmax(double[] x) {                        // ソフトマックス関数
  double s = 0.0;
  for (int i = 0; i < m; i++) { x[i] = Math.exp(x[i]); s += x[i]; }
  for (int i = 0; i < m; i++) x[i] /= s;
}

void forward(double[] data) {                     // 出力計算
  for (int j = 0; j < m; j++) {
    out[j] = b[j];
    for (int i = 0; i < n; i++) out[j] += w[j][i] * data[i];
  }
  softmax(out);
}

void accumDelta(double[] x, double[] t) {         // 修正量加算
  for (int j = 0; j < m; j++) {
    double err = t[j] - out[j];
    bDelta[j] += err;
    for (int i = 0; i < n; i++)  wDelta[j][i] += err * x[i];
  }
}

// 学習
void train(double[][] data, double[][] teach,
```

```
                  int patN, int trainN, int batchSize, double learnRate) {
    double rate = learnRate / batchSize;
    for (int t = 0; t < trainN*patN/batchSize; t++) {  // 学習ループ
      for (int j = 0; j < m; j++) {                    // 修正量初期化ループ
        bDelta[j] = 0.0;
        for (int i = 0; i < n; i++) wDelta[j][i] = 0.0;
      }
      for (int i = 0; i < batchSize; i++) {            // バッチループ
        int idx = (t * batchSize + i) % patN;
        forward(data[idx]);                            // 出力計算
        accumDelta(data[idx], teach[idx]);             // 修正量加算
      }
      for (int j = 0; j < m; j++) {                    // 修正量適用ループ
        b[j] += rate * bDelta[j];
        for (int i = 0; i < n; i++) w[j][i] += rate * wDelta[j][i];
      }
    }
  }

  int getResult() {                    // 最大の出力を認識結果と判定する
    double max = 0.0;
    int idx = -1;
    for (int j = 0; j < m; j++) if (out[j] > max) {
      max = out[j]; idx = j;
    }
    return idx;
  }
}
```

コンストラクタは Logistic(入力数, 出力数)というようにパラメータを与えると，それに基づいてネットワークを構築します。 入力ユニットと出力ユニットを結ぶ重みである変数 w は，入出力の多対多の組み合わせの数だけ要素を作成します。wの初期値は，次のようなランダムな小さい値（±0.01）にしておきます。

```
  for (int i = 0; i < n; i++) {
    for (int j = 0; j < m; j++)
      w[j][i] = (Math.random() * 2 - 1) * 0.01;   // 重み初期化
  }
```

190　第 8 章　機械学習とニューラルネットワーク

　また，バイアスである変数 b は出力数の数だけ要素を作成します。バイアスは
ニューロンモデルにおける閾値としての役割を持つものです。

　forward メソッドは入力から出力を計算し，ソフトマックス関数である
softmax メソッドを使っています。softmax メソッドは出力の合計が 1 になるよ
うに全出力の合計で割り算して構成比を求めています。

　train メソッドが学習を行うループであり，与えられた学習用パターン data を
もとに forward メソッドで出力を計算し，出力を教師信号 teach に近づけるよう
に accumDelta メソッドで wDelta と bDelta を計算していきます。wDelta は重
み w の修正量であり，bDelta はバイアス b の修正量です。そうして各修正量によ
って重みとバイアスを修正していきます。

❑ ロジスティック回帰パターン認識プログラム

　リスト 8-2 は，ロジスティック回帰プログラムを用いて 1，2，3，4 の 4 つの
数字パターンを学習して認識するプログラムです。

リスト 8-2　LogisticApp.java　ロジスティック回帰パターン認識プログラム

```java
package ex08;

// ロジスティック回帰アプリケーションクラス
public class LogisticApp {
    int patN         = 4;       // パターン数
    int trainN       = 1000;    // 学習回数
    int batchSize    = 1;       // バッチサイズ
    double learnRate = 0.1;     // 学習率

    double[][] trainData;       // 学習用データ
    double[][] testData;        // 認識テストデータ

    String[] trainDataString = { // 学習用データ文字列
        "0000110000",  "0001111000",  "0001111000",  "0000011000",
        "0000110000",  "0011111100",  "0011111100",  "0000111000",
        "0001110000",  "0110001110",  "0110001110",  "0000111000",
        "0001110000",  "0110001110",  "0110001110",  "0001111000",
```

8.1 ニューラルネットワーク　191

```
  "0000110000",   "0000011100",   "0000011100",   "0011011000",
  "0000110000",   "0000011000",   "0000011100",   "0011011000",
  "0000110000",   "0001100000",   "0110001110",   "0111111110",
  "0000110000",   "0011100000",   "0110001110",   "0111111110",
  "0000110000",   "0111111110",   "0011111100",   "0000011000",
  "0000110000",   "0111111110",   "0001111000",   "0000011000"
};

String[] testDataString = {    // 認識テストデータ文字列
  "0000000000",   "0001110000",   "0000111000",   "0000000000",
  "0000011000",   "0011011000",   "0000111100",   "0000001000",
  "0000011000",   "0000001100",   "0000001100",   "0000011000",
  "0000011000",   "0000001100",   "0000001100",   "0000110000",
  "0000011000",   "0000001100",   "0000011000",   "0001100000",
  "0000110000",   "0000011000",   "0000011000",   "0011000000",
  "0000110000",   "0000110000",   "0000000110",   "0110011100",
  "0000110000",   "0001100000",   "0000000110",   "1111111100",
  "0000110000",   "0011111000",   "0000011100",   "0000110000",
  "0000000000",   "0011111000",   "0001110000",   "0000100000"
};

double[][] teachData = {         // 教師データ
  { 1, 0, 0, 0 }, { 0, 1, 0, 0 }, { 0, 0, 1, 0 }, { 0, 0, 0, 1 }
};

// 文字列からデータを作成
double[][] buildData(String[] s, int r, int c) {
  int n = r * c;                 // 1パターンの要素数
  double[][] x = new double[patN][n];
  for (int i = 0; i < patN; i++) {
    for (int j = 0; j < n; j++) {
      int k = j / c * patN + i;
      int kk = j % c;
      x[i][j] = s[k].charAt(kk) == '1' ? 1.0 : 0.0;
    }
  }
  return x;
}

void disp(double[][] data, int r, int c) {          // データを表示
  for (int i = 0; i < r; i++) {
```

```
192    第 8 章 機械学習とニューラルネットワーク

        for (int j = 0; j < patN; j++) {
          for (int k = 0; k < c; k++) {
            int idx = i * c + k;
            System.out.print(data[j][idx] > 0 ? "#" : " ");
          }
          System.out.print(" | ");
        }
        System.out.println();
      }
      System.out.println();
    }

    public void run() {                              // 実行
      // データの初期化
      trainData = buildData(trainDataString, 10, 10);
      testData = buildData(testDataString, 10, 10);
      System.out.println("== 学習データ入力 ==");
      disp(trainData, 10, 10);
      System.out.println("== 認識テスト入力 ==");
      disp(testData,10, 10);

      // 学習
      Logistic lg = new Logistic(100, 4);
      lg.train(trainData, teachData, patN, trainN,
          batchSize, learnRate);

      // 認識テスト
      System.out.println("== 認識テスト結果 ==");
      for (double[] d : testData) {
        lg.forward(d);                               // 認識
        for (int j = 0; j < lg.m; j++)
          System.out.printf("%.2f¥t",lg.out[j]); //出力層表示
        int idx = lg.getResult();
        System.out.println(" => これは " + (idx+1) +" です");
      }
    }

    public static void main(String[] args) {
      new LogisticApp().run();
    }
  }
```

```
実行結果
== 学習データ入力 ==

   ##    |   ####    |   ####    |    ##
   ##    |  #####    |  #####    |   ###
  ###    |  ##  ###  |  ##  ###  |  ####
  ###    |  ##  ###  |  ##  ###  |  ####
   ##    |     ###   |     ###   |  ## ##
   ##    |    ##     |     ###   |  ## ##
   ##    |   ##      |  ##  ###  | ########
   ##    |  ##       |  ##  ###  | ########
   ##    | #######   |  #####    |     ##
   ##    | #######   |   ####    |     ##

== 認識テスト入力 ==

          |   ###     |   ###     |
   ##     |  ## ##    |  ####     |      #
   ##     |    ##     |   ##      |     ##
   ##     |    ##     |   ##      |    ##
   ##     |    ##     |   ##      |   ##
   ##     |   ##      |   ##      |  ##
   ##     |   ##      |     ##    |  ## ###
   ##     |  ##       |     ##    | ########
   ##     |  #####    |   ###     |     ##
          |  ####     |   ###     |     #

== 認識テスト結果 ==
0.81   0.06   0.01   0.13  => これは 1 です
0.04   0.91   0.04   0.01  => これは 2 です
0.03   0.05   0.85   0.08  => これは 3 です
0.04   0.00   0.02   0.93  => これは 4 です
```

　このプログラムでは，各数字パターンを文字列として用意します。見た目で分かりやすくするために「#」と「　」で信号の有無を表していますが，処理の前にそれらを「1.0」と「0.0」に置き換えて数値配列に変換します。そうして1と0によるパターンをロジスティック回帰の入力信号に使用します。

　学習パターンは4種類用意しており，これを 1,000 回ループで学習します。毎回の学習では，修正量に学習率 learnRate=0.1 を乗じ，少しずつ修正してこれを多数繰り返すようにします。

　実行結果をまとめて図に表したものが図 8-5 であり，学習完了後に2種類の入力パターンで認識テストしたものです。まず学習用パターンと同じものが入力さ

れると出力も **1.00** つまり **100%** の認識率で判定しています。

それに対し，学習パターンとやや異なる入力パターンでは，出力値は **1.00** よりも低下しています。しかし多クラスロジスティック回帰では，出力の最大値を採用することで認識します。認識テストの結果取得では，`Logistic` クラスの `getResult` メソッドを呼び出しています。これは，最も大きい出力の要素番号を返すメソッドです。

このように入力パターンが学習時とやや異なっていても，**0.8〜0.9** といった高い出力値によって，結果的に何であるかを認識することができます。つまり，汎化能力を持った柔軟性のある認識システムとなるわけです。なお，最大出力値が小さい場合は，誤認識している可能性があります。今回のようなデータでは，数字の「1」と「4」や「2」と「3」は，形が崩れると区別がつきにくくなることがあります。これは人も機械も同じです。

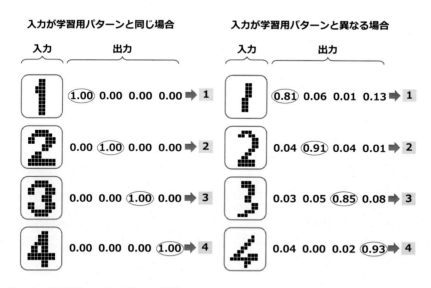

図 8-5　汎化能力によるパターン認識

8.2 多層パーセプトロン

❏ 線形分離不可能問題

　ロジスティック回帰の基本構造である単純パーセプトロンは，入力層と出力層で構成されます。複数の入力ユニットの信号から 1 つの出力ユニットの結果を得る際，図 8-6 のように入出力分布図において，線を引いて結果を○と×のグループに分離することが可能であり，これを線形分離といいます。

　直線で分離するという考え方をしますが，出力の値を考えてみると 2 つの入力による 2 次元座標に出力の次元を加えた 3 次元座標における点集合で表され，それらを面（曲面）グラフで表したときに面の端から逆の端まで増加し続けるような形です。ちょうど山の斜面のような感じに似ています。例えば，山の高い部分に○，低い部分に×が位置するといった感じの面グラフで表現できる 3 次元の入出力特性を持ちます。図 8-6 はそれを上から見ている状況です。

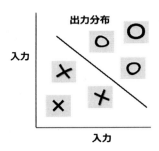

図 8-6　線形分離

　ここで問題なのは，線形分離ができないケースがあることです。それは 3 次元の入出力特性が単調な山の斜面の形でない場合です。
　具体例として，図 8-7 は論理演算の AND（論理積）と XOR（排他論理和）をニューラルネットワークで学習する場合の入出力分布です。AND の出力分布は 0 と 1 の 2 つのパターンを分離する線が引けますが，XOR の場合はそれができません。このようなケースを線形分離不可能問題といいます。

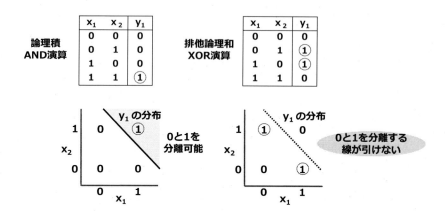

図 8-7　線形分離不可能問題

　これは，単純パーセプトロンが複雑なファンクションを学習できないという限界でもあります。単純パーセプトロンの構造では，入出力分布に線を 1 本しか描けません。2 本描ければ分離できますが，そのためにニューラルネットワークの構造を拡張する必要があります。

　また，XOR の 3 次元の入出力特性を想像すると，上から見て四角形の面において，対角線の両端（出力 1 の部分）が高いところにあり，別の対角線の両端（出力 0 の部分）が低いところにあるような，ねじれた感じの特性です。2 つの線で分離するということは，このように変形した入出力特性が作れるニューラルネットワークでなければなりません。

❏ 多層パーセプトロンとバックプロパゲーション

　線形分離不可能問題にも対応できるように拡張されたのが，図 8-8 の多層パーセプトロン（MultiLayer Perceptron, MLP）です。

　新たに中間層（隠れ層，hidden layer）を 1 層あるいは複数設けて，層どうしの各ユニットをすべて互いに接続したニューラルネットワークです。XOR のケースでは中間層 1 層で対応できます。入出力の特性は，例えると文房具の下敷きを

用意して対角となる 2 つの端をそれぞれ両手でつまんで中心方向に力を加えてたわませたような曲面になります。図 8-8 の y_1 の分布は，曲面をちょうど上から見た感じです。

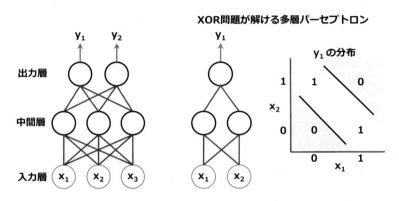

図 8-8　多層パーセプトロン

　多層パーセプトロンでは，中間層が増えたことで学習時の重み修正のしかたが変わります。基本的に，出力信号と教師信号の差から修正量を求めますが，この量は，出力－中間の重みの修正量に影響するものであり，同様に中間－入力の重みの修正量にも影響するものです。バックプロパゲーション（誤差逆伝播学習法）は，出力側の修正量を入力側に伝搬させることで，複数の層でも学習できるようにした手法です。多層パーセプトロンとバックプロパゲーションは，汎用的なニューラルネットワークの手法として，様々な認識機能として利用されてきました。

❑ 多層パーセプトロンプログラム

　リスト 8-3 は，パターン認識の部分プログラムとなる多層パーセプトロンのプログラムです。入力層，中間層，出力層を持ったニューラルネットワークです。

リスト 8-3　MLP.java　多層パーセプトロンプログラム

```
package ex08;
```

198　第 8 章　機械学習とニューラルネットワーク

```java
// ニューラルネットワーク（多層パーセプトロン, Multi-Layer Perceptron）
public class MLP {
  public int layerN;              // 層の数
  public int[] unitN;             // 各層のユニット数
  public double[][] unit;         // ユニット値
  public double[][][] w;          // 重み
  double[][] delta;               // 重み修正量
  int outLayer;                   // 出力層の添え字
  double err;

  public MLP(int layerN, int[] unitN,double wMax) {
    // ネットワークの構築と初期化
    this.layerN = layerN;
    this.unitN = unitN;
    outLayer = layerN - 1;
    unit = new double[layerN][];
    delta = new double[layerN][];
    w = new double[layerN][][];
    for (int l = 0; l < layerN; l++) {
      int u = unitN[l];
      unit[l] = new double[u + (l == outLayer ? 0 : 1)];
      if (l < outLayer) unit[l][u] = 1.0;      // バイアス用ユニット（常に1）
      if (l > 0) {
        int v = unitN[l-1]+1;                  // バイアスユニットへの重み用に+1
        delta[l] = new double[u];
        w[l] = new double[u][v];
      }
    }
    for (int l = 1; l < layerN; l++) {
      for (int j = 0; j < unitN[l]; j++) {
        for (int i = 0; i < unitN[l-1]+1; i++) {
          w[l][j][i] = (Math.random()*2 - 1) * wMax;  // 重みの初期化
        }
      }
    }
  }

  double sigmoid(double x) {                     // シグモイド関数
    return 1 / (1 + Math.pow(Math.E, -x));
  }
```

```java
void softmax(double[] x) {                    // ソフトマックス関数
  if (x.length == 1) {            // 出力ユニットが1個ならシグモイド関数で
    for (int i = 0; i < x.length; i++) x[i] = sigmoid(x[i]);
  } else {
    double s = 0.0;
    for (int i = 0; i < x.length; i++) {
      x[i] = Math.exp(x[i]);
      s += x[i];
    }
    for (int i = 0; i < x.length; i++) x[i] /= s;
  }
}


public void forward(double[] d) {                    // 順伝搬
  // 入力層の値セット
  for (int j = 0; j < unitN[0]; j++) unit[0][j] = d[j];
  // 中間層の値計算ループ
  for (int l = 0; l < outLayer-1; l++) {
    for (int j = 0; j < unitN[l+1]; j++) {
      double s = 0.0;
      for (int i = 0; i < unitN[l]+1; i++) {
        s += w[l+1][j][i] * unit[l][i];
      }
      unit[l+1][j] = sigmoid(s);
    }
  }
  // 出力層の値計算（多クラス分類）
  for (int j = 0; j < unitN[outLayer]; j++) {
    unit[outLayer][j] = 0.0;
    for (int i = 0; i < unitN[outLayer-1]+1; i++) {
      unit[outLayer][j] +=
          w[outLayer][j][i] * unit[outLayer-1][i];
    }
  }
  softmax(unit[outLayer]);
}


void backPropagate(double[] d, double[] t) {    // 逆伝搬
  for (int j = 0; j < unitN[outLayer]; j++) {    // 出力層
    double e = t[j] - unit[outLayer][j];
    delta[outLayer][j] = e;
```

200　第 8 章　機械学習とニューラルネットワーク

```java
        err += e * e;
      }
      for (int l = outLayer-1; l > 0; l--) {          // 中間層
        for (int j = 0; j < unitN[l]; j++) {
          double df = unit[l][j] * (1.0 - unit[l][j]);
          double s = 0.0;
          for (int k = 0; k < unitN[l+1]; k++) {
            s+= delta[l+1][k] * w[l+1][k][j];
          }
          delta[l][j] = df * s;
        }
      }
    }

  void update(double rate) {                          // 重み更新
    for (int l = layerN-1; l > 0; l--) {
      for (int j = 0; j < unitN[l]; j++) {
        for (int i = 0; i < unitN[l-1]+1; i++) {
          w[l][j][i] += rate * delta[l][j] * unit[l-1][i];
        }
      }
    }
  }

  // 学習レポート用の関数型インタフェース
  public interface ReportFun { void action(int t, double err); }

  // 学習
  public void train(double[][] data, double[][] teach, int patN,
                    int trainN, double learnRate, ReportFun fun) {
    for (int t = 0; t < trainN ; t++) {               // 学習ループ
      err = 0.0;
      for (int p = 0; p < patN; p++) {                // パターンループ
        forward(data[p]);                             // 順伝搬
        backPropagate(data[p], teach[p]);             // 逆伝搬
        update(learnRate) ;                           // 重み更新
      }
      // 学習レポート関数の呼び出し(学習回数とエラーの値を使う何らかの処理)
      if (fun != null) fun.action(t, err / patN / unitN[layerN-1]);
    }
  }
```

```
public int getResult() {                // 最大の出力を認識結果と判定する
    double max = 0.0;
    int idx = -1;
    double[] out = unit[layerN - 1];
    for (int j = 0; j < out.length; j++) {
        if (out[j] > max) {
            max = out[j];
            idx = j;
        }
    }
    return idx;
}
}
```

　多層パーセプトロンは，中間層が増えたことで複雑になりますが，基本的なしくみはロジスティック回帰（単純パーセプトロン）と同様です。なお，バイアスの扱いが面倒になってくるので，入力層，中間層のユニット配列 unit の最後に値が1 のユニットを追加してバイアスとし，重みと同じ計算が適用できるようにしています。

　中間層の値を求めるための関数として，シグモイド関数（sigmoid メソッド）を用います。これはロジスティック関数の一種です。出力層の値は多クラス分類のソフトマックス関数（softmax メソッド）を用い，softmax メソッドでは出力ユニットが 1 個の場合は，多クラス分類が不要なので単純に sigmoid メソッドで計算します。

　バックプロパゲーション機能である backPropagate メソッドは，重みの修正量を計算し，出力層から中間層へと修正量を伝えるようにしています。

　train メソッドは，学習回数の分だけ学習ループを実行します。学習ループの中で各パターンによる学習を行い，forward で出力値を求め，次に backPropagate で教師信号との誤差を逆伝搬させて学習します。train の引数 fun は，次のように定義された関数型インタフェースとしてラムダ式を受け取り，学習ループの中で呼び出されるようにしています。

```
public interface ReportFun { void action(int t, double err); }
```

202 第 8 章 機械学習とニューラルネットワーク

trainの中では，次のようにラムダ式を与える関数型インタフェースの引数fun
に対し，それを呼び出す fun.action メソッドに学習回数 t と出力ユニット 1 個
あたりの平均誤差を渡すようにしています。学習過程の誤差は変数 err に蓄積し
ており，これをパターン数と出力ユニット数で割れば平均誤差が得られます。
train を呼び出すメインプログラム側にあるラムダ式への引数へは，これらの 2
つの値を渡し，そのラムダ式では，これらの値をどう使うかは自由です。また，引
数 fun に null を渡すと，何も処理しません。

```
if (fun != null) fun.action(t, err / patN / unitN[layerN-1]);
```

❑ 多層パーセプトロン実行プログラム

リスト 8-4 は，多層パーセプトロン実行プログラムであり，今回は線形分離不
可能問題の XOR 演算を取り上げています。

リスト 8-4　MLPApp.java　多層パーセプトロン実行プログラム

```java
package ex08;

// ニューラルネットワークアプリケーションクラス
public class MLPApp {
    int patN        = 4;        // パターン数
    int trainN      = 10000;    // 学習回数
    double learnRate = 0.1;     // 学習率
    double wMax      = 1.0;     // 重み初期化用

    double[][] trainData = {    // 学習データ(XOR，線形分離不可能パターン)
        { 0, 0 }, { 0, 1 }, { 1, 0 }, { 1, 1 }
    };

    double[][] teachData= {     // 教師データ
        { 0 }, { 1 }, { 1 }, { 0 }
    };

    double[][] testData = {     // テストデータ
```

8.2 多層パーセプトロン 203

```java
      { 0, 0 }, { 0, 1 }, { 1, 0 }, { 1, 1 }
  };

  public void run() {
    //ネットワーク生成（層数, 各層ユニット数）
    MLP mlp = new MLP(3, new int[] { 2, 2, 1 }, wMax);

    // 学習実行
    mlp.train(trainData, teachData, patN, trainN, learnRate,
        (t, err) -> {
          if (t % 1000 == 0) System.out.printf("%5d %f¥n", t, err);
        });

    // 認識テスト
    System.out.println("--- 認識テスト ----------------¥n入力¥t¥t出力");
    for (double[] d : testData) {
      mlp.forward(d);
      for (int i = 0; i < d.length; i++) {
        System.out.printf("%.0f¥t", d[i]);
      }
      for (int j = 0; j < mlp.unit[2].length; j++) {
        System.out.printf("%.2f¥t", mlp.unit[2][j]);
      }
      System.out.println();
    }
  }

  public static void main(String[] args) {
    new MLPApp().run();
  }
}
```

実行結果

```
   0  0.284959              … ラムダ式による学習回数と平均誤差の表示
1000  0.172339
2000  0.000887
3000  0.000183
4000  0.000075
5000  0.000040
6000  0.000025
7000  0.000017
```

```
 8000  0.000012
 9000  0.000009
--- 認識テスト ----------------
入力     出力
0  0    0.00        … XOR演算を学習している！
0  1    1.00
1  0    1.00
1  1    0.00
```

入力層, 中間層, 出力層の 3 層の各ユニット数は 2, 2, 1 であり, new MLP(3,new int[]{2,2,1})で多層パーセプトロンを生成しています。入力パターンは XOR の 2 入力 4 パターン, 出力の教師信号は XOR の 1 出力 4 パターンを与えます。今回は学習回数を 10,000 回, 学習率を 0.1 として学習しています。

中間層および出力層の値は, バイアスを用いて計算しますが, バイアスを重みの一部に加えて計算するようにしています。実際には, 図 8-9 のようなニューラルネットワークの構造になっており, 入力層－中間層および中間層－出力層の重みは, さらにバイアスユニット（常に値は 1）を設けて増やしてあります。追加された重みとユニットは, データ上, それぞれ変数 w と unit の配列最後尾に要素を 1 つ増やして追加してあります。

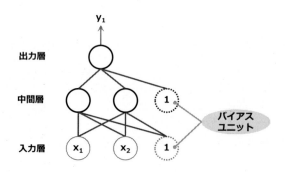

図 8-9　XOR 機能を学習する多層パーセプトロンの実際の構造

図 8-10 は, ニューラルネットワークのデータ構造例です。構成は, 入力 2 個, 中間 2 個, 出力 1 個の 3 層構造です。出力層以外には, バイアスユニットが 1 個

追加され，これらの全ユニットを2次元配列変数 unit で表します。また，各重みは，入力層以外のユニットに対し，それに接続する下位ユニットすべてにネットワークを接続する形をとり，3次元配列 w で表します。unit には，入力値や各層でのユニットの出力値を格納します。w には，最初ランダムな正負の値を格納しておき，学習とともに更新していきます。

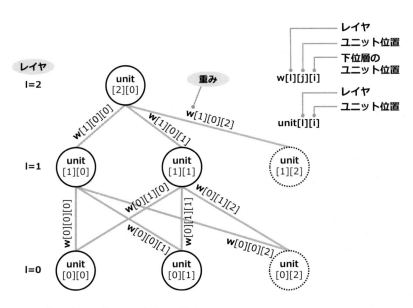

図 8-10　多層パーセプトロンのデータ構造

本プログラムの実行結果では，train の呼び出しで次のラムダ式を与えており，内容は，学習回数 1,000 回おきに，学習回数と平均誤差を表示するものにしてあります。先の実行結果では，平均誤差は初回学習の 0.284959 から順調に低下し，9,000 回目では 0.000009 という十分小さな誤差になり，良好な学習結果になっています。

```
(t, err) -> {    // ラムダ式
  if (t % 1000 == 0) System.out.printf("%5d %f¥n", t, err);
};
```

206　第 8 章　機械学習とニューラルネットワーク

　しかし，このプログラムを何度も実行していくと，次のように正しい結果が得られないケースがあります。ラムダ式による平均誤差を見ると，大きい値で停滞し，学習が進行していないことがわかります。

```
実行結果
    0  0.293172
 1000  0.137319
 2000  0.130880
 3000  0.129721
 4000  0.129251
 5000  0.128998
 6000  0.128841
 7000  0.128734
 8000  0.128657
 9000  0.128599
--- 認識テスト ----------------
入力    出力
0   0    0.00
0   1    0.49
1   0    1.00
1   1    0.49
```

　このような現象について，重みの修正は例えば二次曲線の極小値に向かっていくように変化していき，やがて最適解としての極小値に落ち着きます。しかし，単純な二次曲線でなかったなら，そこは最適解でない場合があります。これを局所解（ローカルミニマム，local minimum）といい，ローカルミニマムに陥ると，なかなかそこから脱することができず，平均誤差があまり変化せずに学習が停滞してしまうことがあります。バックプロパゲーションにはこのような欠点があり，XOR 問題では何回かの割合でローカルミニマムに陥ってしまいます。

第 9 章 ディープラーニングの基礎

9.1 深層学習の準備

❏ ディープラーニング

ディープラーニング（Deep Learning，深層学習）は，多層化構造つまり何段もの層によるニューラルネットワークを構成し，例えば画像や音声の認識精度を高めようとする機械学習技術です。

この技術では，認識精度だけでなく膨大なデータから特徴を見つけ出すという機能（特徴抽出）が注目されています。これは，ビッグデータの分析や予測などへの応用，新たな技術やサービスへと発展する可能性があります。教師信号としてパターンのイメージを学習し，それに近いものを認識するだけでなく，パターンに含まれる特徴を自ら学習する機能は人間の認識能力に近いとも言われ，自らものを学習するコンピュータ技術の可能性に期待が寄せられています。ディープラーニングは AI に革新的な進歩をもたらし注目される分野です。

従来の機械学習では，教師あり学習によって識別するという学習手法が多く用いられていましたが，ディープラーニングでは教師なし学習を活用しています。これをプレトレーニングと呼ばれる前段階の処理に用いることで，多層化されたネットワークの重みをよい状態に学習させます。その後，仕上げとしてファインチューニングという教師あり学習によって，識別結果を目的の答えに分類できるようにします。本章では，これらの教師なし学習を用いたオートエンコーダによる機械学習をディープラーニングの基礎として取り上げ，プログラムを作成しながら動作を見ていきます。

208　第 9 章　ディープラーニングの基礎

❏ 手書き文字データ読み込みプログラム

　本章では，手書き文字認識を題材にディープラーニングのプログラミングを行います。手書き文字データとしては広く用いられている次の MNIST データセットの 0〜9 の手書き文字データを使用します。

　　MNIST データセット:　　　http://yann.lecun.com/exdb/mnist/

　このデータでは，60,000 件の学習用イメージ（手書き画像）と，そのラベル（0〜9 の教師信号に相当），さらに 10,000 件の認識テスト用イメージとラベルが提供されています。まずそれらのデータをプログラムに読み込むために，リスト 9-1 の部分プログラムをユーティリティとして作成しておきます。readImage と readLabel メソッドがそれぞれを読み込む機能であり，次のようにデータファイル名と何件まで読み込むかを指定して使います。読み込んだデータは，パターンごとの配列データとして返されます。

　　Data.readImage(MNIST イメージファイル名, 件数)
　　Data.readLabel(MNIST ラベルファイル名, 件数)

リスト 9-1　Data.java　手書き文字データ読み込みプログラム

```
package ex09;

import java.io.BufferedInputStream;
import java.io.FileInputStream;
import java.io.IOException;
import java.io.UncheckedIOException;
import java.nio.ByteBuffer;
import java.util.function.Consumer;

public class Data {
  public static byte[][] imgData;
  public static byte[] labelData;
  static int w = 0;
  static int h = 0;
  static byte[] buf = new byte[4];
```

```
// int(32bit)データを読み込む
static int readInt(BufferedInputStream st) throws IOException {
  st.read(buf);                       // 4バイト配列に読み込む
  return ByteBuffer.wrap(buf).getInt();// 4バイト配列を1個のInt型に変換
}

// 汎用ファイル読み込み処理
static void readFile(String fileName,
                     Consumer<BufferedInputStream> fun) {
  BufferedInputStream st = null;
  try {
    st = new BufferedInputStream(new FileInputStream(fileName));
    readInt(st);            // ストリームからmagic numberを読み飛ばしておく
    fun.accept(st);         // funにストリームを渡してそれぞれの処理をさせる
  } catch (Exception e) {
    System.out.println(e);
  } finally {
    if (st != null) {
      try {
        st.close();
      } catch (IOException e) {
        e.printStackTrace();
      }
    }
  }
}

// イメージの読み込み
static double[][] readImage(String fileName, int m) {
  readFile(fileName, st -> {
    try {
      int num = readInt(st);        // イメージ数
      h = readInt(st);              // 縦サイズ
      w = readInt(st);              // 横サイズ
      int n = m > 0 ? m : num;
      int size = h * w;
      imgData = new byte[n][size];
      for (int i = 0; i < n; i++) {
        st.read(imgData[i], 0, size);
      }
```

210 第 9 章 ディープラーニングの基礎

```java
      System.out.printf("Image loaded: %d/%d¥n", n, num);
    } catch (IOException e) {
        throw new UncheckedIOException(e);
    }
  });
  return getData(imgData); // パターン数 × イメージ(Double型配列)を返す
}


// ラベルの読み込み
static double[][] readLabel(String fileName, int m) {
  readFile(fileName, st -> {
    try {
      int num = readInt(st);            // ラベル数
      int n = m > 0 ? m : num;
      labelData = new byte[n];
      st.read(labelData, 0, n);
      System.out.printf("Label loaded: %d/%d¥n", n, num);
    } catch (IOException e) {
        throw new UncheckedIOException(e);
    }
  });
  return getLabel(labelData); // パターン数×ラベル(Double型配列)を返す
}


// イメージデータを0.0-1.0のレンジに変換する
static double[][] getData(byte[][] img) {
  double[][] d = new double[img.length][];
  for (int i = 0; i < img.length; i++) {
    d[i] = new double[img[i].length];
    for (int j = 0; j < img[i].length; j++) {
      d[i][j] = (img[i][j] & 0xFF) / 255.0;
    }
  }
  return d;
}


// ラベルデータ1個を0~9に対応させた配列にする
static double[][] getLabel(byte[] label) {
  double[][] d = new double[label.length][];
  for (int i = 0; i < label.length; i++) {
    byte v = labelData[i];
```

```
      d[i] = new double[10];
      d[i][v] = 1.0;
    }
    return d;
  }
}
```

readFile メソッドでは，引数 fun に Consumer<BufferedInputStream>型の
関数型インタフェースを用いて，readFile を呼び出す側でラムダ式が使えるよう
にしています。次の処理部分は，画像読み込み用の readImage およびラベル読み
込み用の readLabel において，readFile にラムダ式を与えているところです。
両者のラムダ式本体は，画像とラベルの異なった入力処理を行いますが，ファイ
ルアクセスのオープンやクローズといった共通基盤は readFile 側に任せており，
汎用性が高く記述も簡潔になっています。

```
static double[][] readImage(String fileName, int m) {
  readFile(fileName, st -> {
      : （stを使ってファイルアクセス，画像データを読み込む）
  });
    :
}

static double[][] readLabel(String fileName, int m) {
  readFile(fileName, st -> {
      : （stを使ってファイルアクセス，ラベルデータを読み込む）
  });
    :
}
```

ファイルから読み込んだデータを，ニューラルネットワークで使用するために
は，入力層用に 0～255 の画素値を 0.0～1.0 に変換し，出力層用にラベルの 0～
9 の数値を，出力ユニット 0～9 に対する 0.0 と 1.0 による教師信号パターンに
変換します。画素値変換には getData メソッドを，ラベル変換には getLabel メ
ソッドを用います。

212 第 9 章 ディープラーニングの基礎

❏ 可視化プログラム

　次に，ニューラルネットワークの可視化ユーティリティを用意します。これに
よって，入出力画像の表示や重みの視覚化ができ，学習状態などを確認できます。
リスト 9-2 はデータをグラフィックス表示する部分プログラムであり，次のよう
にイメージ幅と高さ，表示行数と列数，そして表示倍率を与えて呼び出します。

```
new Visualizer(幅,高さ,行,列,倍率).dispDataImage(入出力データ)
new Visualizer(幅,高さ,行,列,倍率).dispWeightImage(重みデータ)
```

リスト 9-2　Visualizer.java　学習状態の可視化プログラム

```java
package ex09;

import javafx.application.Platform;
import javafx.scene.Scene;
import javafx.scene.canvas.Canvas;
import javafx.scene.canvas.GraphicsContext;
import javafx.stage.Stage;
import javafx.scene.layout.StackPane;
import javafx.scene.image.Image;
import javafx.scene.transform.Affine;
import javax.imageio.ImageIO;
import java.awt.image.BufferedImage;
import java.io.ByteArrayInputStream;
import java.io.ByteArrayOutputStream;
import java.io.IOException;
import java.util.Arrays;

// イメージ可視化クラス
public class Visualizer {
  int w, h;                    // イメージ幅と高さ
  int r, c;                    // 表示行数と列数
  double scale = 1.0;          // 表示スケール
  byte[][] imgData = null;     // 作業用
  GraphicsContext g = null;

  public Visualizer(int w, int h, int r, int c, double scale) {
    this.w = w;
```

```
      this.h = h;
      this.r = r;
      this.c = c;
      this.scale = scale;

      // JavaFXアプリ以外でJavaFXを使う初期化
      new javafx.embed.swing.JFXPanel();
      // ウインドウ作成
      javafx.application.Platform.runLater(new Runnable() {
        public void run() {
          while (imgData == null) {
            try {
              Thread.sleep(1);
            } catch (InterruptedException e) {
              e.printStackTrace();
            }
          }
          Stage stage = new Stage();
          Canvas canvas = new Canvas(scale * ((w+1)*c+1),
                                     scale * ((h+1)*r+1));
          StackPane pane = new StackPane();
          pane.getChildren().add(canvas);
          stage.setScene(new Scene(pane));
          g = canvas.getGraphicsContext2D();
          g.setTransform(new Affine(scale,0,0,0,scale,0));// 描画倍率
          stage.showAndWait();
        }
      });
}

void draw() {    // 描画処理
  // JavaFXアプリケーションスレッドで実行
  Platform.runLater(new Runnable() {
    public void run() {
      for (int i = 0; i < r; i++) {
        for (int j = 0; j < c; j++) {
          g.drawImage(getImage(i * c + j),
                      j * (w+1) + 1, i * (h+1) + 1);
        }
      }
    }
```

214 第 9 章 ディープラーニングの基礎

```java
      });
    }

    void dispDataImage(double[][] data) {          // 入出力のイメージ表示
      dispDataImage(data, data.length);
    }

    void dispDataImage(double[][] data, int n) {  // イメージ表示（n個まで）
      imgData = new byte[n][];
      for (int i = 0; i < n; i++) {
        imgData[i] = new byte[data[i].length];
        for (int j = 0; j < data[i].length; j++) {
          imgData[i][j] = (byte)(data[i][j] * 255);
        }
      }
      draw();
    }

    void dispWeightImage(double[][] weight) {   // 重みのイメージ表示
      imgData = new byte[weight.length][];
      for (int i = 0; i < weight.length; i++) {
        imgData[i] = new byte[weight[i].length];
        double[] v = Arrays.copyOfRange(weight[i], 0, w*h);
        double mi = Double.MAX_VALUE, mx = Double.MIN_VALUE;
        for (int j = 0; j < v.length; j++) {
          if (v[j] > mx) mx = v[j];
          else if (v[j] < mi) mi = v[j];
        }
        double rg = mx - mi;
        for (int j = 0; j < v.length; j++) {
          imgData[i][j] = (byte)((v[j] - mi) / rg * 255);
        }
      }
      draw();
    }

    int grayScale(byte b) {   // 1バイトデータをグレースケールに変換
      int v = b & 0xFF;
      return (v<<16) | (v<<8) | v;
    }
```

```
Image getImage(int idx) {    // JavaFXの扱うイメージオブジェクトに変換
  BufferedImage b =
    new BufferedImage(w, h, BufferedImage.TYPE_INT_RGB);
  byte[] d = imgData[idx];
  int[] x = new int[d.length];
  for (int i = 0; i < x.length; i++) {
    x[i] = grayScale(d[i]);
  }
  b.setRGB(0, 0, w, h, x, 0, w);
  ByteArrayOutputStream out = new ByteArrayOutputStream();
  try {
    ImageIO.write(b, "bmp", out);
    out.flush();
    Image img =
      new Image(new ByteArrayInputStream(out.toByteArray()));
    out.close();
    return img;
  } catch (IOException e) {
    System.out.println(e);
    return null;
  }
}
```

　dispDataImage メソッドでは，入出力の手書き文字画像などを表示する際，
0.0〜1.0 のデータを黒〜白の色で描画しています。また，dispWeightImage メ
ソッドでは，重みの値を可視化する際，入力層から 1 個の中間層につながってい
るすべての重みを 1 マスに描画します。このとき，重みの値は符号や大きさがバ
ラバラで数値範囲も一定ではありません。そこで，表示の各マスにおいて，重み
の最小値〜最大値の数値範囲を黒〜白に正規化して描画しています。これによっ
て，マス内の各ドットで表示された重みについて，おおよそ比較ができます。

　実際に可視化プログラムを試してみましょう。リスト 9-3 と図 9-1 は，学習用
イメージの表示（重みの可視化と違い，単にイメージの表示なので可視化と呼ば
なくてもよい）プログラムと実行結果の画面です。また，学習用イメージに対応
するラベルの値もコンソール出力しています。なお，MNIST の学習用データとそ
のラベルデータとして，次のファイルを使用しており，ファイルに含まれるデー
タの 100 件までを処理対象としています。

216　第 9 章　ディープラーニングの基礎

学習用イメージファイル：　train-images.idx3-ubyte （60,000 件）

学習用ラベルファイル：　　train-labels.idx1-ubyte （60,000 件）

リスト 9-3　VisualizerApp.java　可視化テストプログラム

```java
package ex09;

public class VisualizerApp {
  public static void main(String[] args) {
    int r = 10;
    int c = 10;
    Data.readImage("train-images.idx3-ubyte", 100); // 画像読み込み
    Data.readLabel("train-labels.idx1-ubyte", 100); // ラベル読み込み
    for (int i = 0; i < r; i++) {
      for (int j = 0; j < c; j++) {
        System.out.printf("%d ", Data.labelData[i * c + j]);
        if (j == c-1) System.out.println();
      }
    }
    new Visualizer(28, 28, r, c,2)
          .dispDataImage(Data.getData(Data.imgData)); // イメージの描画
  }
}
```

実行結果

```
Image loaded: 100/60000
Label loaded: 100/60000
5 0 4 1 9 2 1 3 1 4
3 5 3 6 1 7 2 8 6 9
4 0 9 1 1 2 4 3 2 7
3 8 6 9 0 5 6 0 7 6
1 8 7 9 3 9 8 5 9 3
3 0 7 4 9 8 0 9 4 1
4 4 6 0 4 5 6 1 0 0
1 7 1 6 3 0 2 1 1 7
9 0 2 6 7 8 3 9 0 4
6 7 4 6 8 0 7 8 3 1
```

図 9-1　学習用イメージの表示結果

9.2　オートエンコーダ

❏ オートエンコーダの機能と構造

　ディープラーニングの基礎として，オートエンコーダ（Autoencoder, AE，自己符号化器）のしくみとプログラムを見ていきましょう。オートエンコーダは，単体でパターン認識するのではなく，層の深いニューラルネットワーク（ディープニューラルネットワーク）の構成部品として機能します。

　オートエンコーダは，教師なし学習を用いたニューラルネットワークであり，教師なし学習というのは，図 9-2 のように入力信号と同じものが出力信号として得られるように，入力信号をそのまま教師信号に用いた学習を意味します。入力信号を別のものに変換（エンコード, encode）して，もとに戻す（デコード, decode）様子からオートエンコーダと呼ばれます。

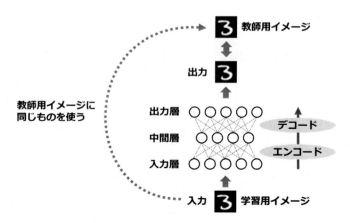

図 9-2　オートエンコーダの機能

　オートエンコーダは，図 9-3 のような 3 層構造をしています。入力層に与えられた値はエンコードによって中間層の値が求められ，さらにデコードによって出力層の値へと変換されます。学習処理では出力＝入力となるように重みを更新していくわけです。なお入力層と出力層は同じユニット数になります。

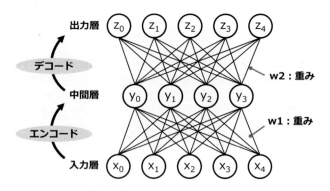

図 9-3　オートエンコーダの構造

　オートエンコーダの処理では，ロジスティック関数である sigmoid 関数および

確率的勾配降下法（Stochastic Gradient Descent, SGD）を用います。図9-4
における中間層の信号y_1の値は，入力信号x_0〜x_4と重み$w1_{10}$〜$w1_{14}$の荷重和およ
びバイアス$b1_1$との和を求めsigmoid関数に与えて算出します。

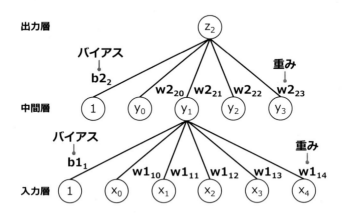

図9-4　オートエンコーダの重みとバイアス

　出力信号も同様に y，w2，b2 をもとに算出します。このとき重み w2 は w1 の転
置（$w1_{ji}$ → $w2_{ij}$）とし，プログラムでは同じ変数 w で重みを共有します（tied
weight）。学習手法としてSGDおよび一定数のパターンごとにまとめて重みを更
新するミニバッチ更新を用います。ミニバッチでは処理効率が良く，学習の収束
が安定する傾向があります。

❏ オートエンコーダプログラム

　リスト9-4は，部分プログラムとなるオートエンコーダプログラムです。AEク
ラスのコンストラクタに入力層と中間層の次元数を与えて構築します。train メ
ソッドには学習パターンの配列，パターン数，学習回数，ミニバッチサイズ，学習
率を与えて学習します。reconstruct メソッドは，入力から出力を得る再構築処
理であり，ニューラルネットワークにおける順伝搬あるいは想起に相当します。

220　第 9 章　ディープラーニングの基礎

リスト 9-4　AE.java　オートエンコーダプログラム

```java
package ex09;

import java.util.Arrays;

// オートエンコーダクラス(AutoEncoder)
public class AE {
  int n;                    // 入出力ユニット数
  int m;                    // 中間ユニット数
  double[] y;               // 中間層
  double[] z;               // 出力層
  double[][] w;             // ランダムな重み
  double[] b1;              // バイアス1
  double[] b2;              // バイアス2
  double[][] wDelta;        // 重み修正値
  double[] b1Delta;         // 中間層修正値
  double[] b2Delta;         // 出力層修正値
  double[] b1Tmp;           // 中間層作業変数
  double[] b2Tmp;           // 出力層作業変数

  public AE(int n, int m) {
    this.n = n; this.m = m;
    y = new double[m];
    z = new double[n];
    w = new double[m][n];
    for (int j = 0; j < m; j++) {
      for (int i = 0; i < n; i++)
        w[j][i] = (Math.random() * 2 - 1) * 0.01;   // 重みの初期化
    }
    b1 = new double[m];
    b2 = new double[n];
    Arrays.fill(b1, 0.0);
    Arrays.fill(b2, 0.0);
    wDelta = new double[m][n];
    b1Delta = new double[m];
    b2Delta = new double[n];
    b1Tmp = new double[m];
    b2Tmp = new double[n];
  }
```

9.2 オートエンコーダ　221

```java
double sigmoid(double x) {                      // シグモイド関数
  return 1 / (1 + Math.pow(Math.E, -x));
}

void encode(double[] x, double[] y) {           // エンコード
  for (int j = 0; j < m; j++) {
    double s = 0.0;
    for (int i = 0; i < n; i++) s += w[j][i] * x[i];
    y[j] = sigmoid(s + b1[j]);
  }
}

void decode(double[] y, double[] z) {           // デコード
  for (int i = 0; i < n; i++) {
    double s = 0.0;
    for (int j = 0; j < m; j++) s += w[j][i] * y[j];
    z[i] = sigmoid(s + b2[i]);
  }
}

void reconstruct(double[] data) {               // 入力信号の再構築
  encode(data, y);                              // エンコード
  decode(y, z);                                 // デコード
}

void initDelta() {                              // 誤差修正値初期化
  for (int i = 0; i < n; i++) b2Delta[i] = 0.0;
  for (int j = 0; j < m; j++) {
    b1Delta[j] = 0.0;
    for (int i = 0; i < n; i++) wDelta[j][i] = 0.0;
  }
}

void accumDelta(double[] x) {                   // 誤差修正値蓄積
  for (int i = 0; i < n; i++) {
    b2Tmp[i] = x[i] - z[i];
    b2Delta[i] += b2Tmp[i];
  }
  for (int j = 0; j < m; j++) {
    double s = 0.0;
    for (int i = 0; i < n; i++) s+= w[j][i] * b2Tmp[i];
```

222　第 9 章　ディープラーニングの基礎

```java
      b1Tmp[j] = s * y[j] * (1 - y[j]);
      b1Delta[j] += b1Tmp[j];
      for (int i = 0; i < n; i++)
        wDelta[j][i] += b1Tmp[j] * x[i] + b2Tmp[i] * y[j];
    }
  }


  // 学習
  void train(double[][] data, int patN, int trainN,
             int batchSize, double lRate) {
    // 学習ループ
    for (int t = 0; t < trainN * patN / batchSize; t++) {
      initDelta();                          // 誤差修正値初期化
      for (int i = 0; i < batchSize; i++) { // ミニバッチループ
        int idx = (t * batchSize + i) % patN;
        reconstruct(data[idx]);             // 入力から出力の構築
        accumDelta(data[idx]);              // 誤差修正値蓄積
      }
      // 出力層バイアス修正
      for (int i = 0; i < n; i++) b2[i] += lRate * b2Delta[i];
      // 中間層バイアス修正
      for (int j = 0; j < m; j++) {
        b1[j] += lRate * b1Delta[j];
        for (int i = 0; i < n; i++)
          w[j][i] += lRate * wDelta[j][i];  // 重み修正
      }
    }
  }
}
```

❏ オートエンコーダ実行プログラム

リスト 9-5 は，実際に MNIST データを用いて学習を行うプログラムであり，入力出力および重みを可視化します。実行には，かなり時間がかかります。

リスト 9-5　AEApp.java　オートエンコーダ実行プログラム

```java
package ex09;

public class AEApp {
```

```java
  int patN        = 60000;      // パターン数
  int inputN      = 784;        // 入力層ユニット数
  int middleN     = 400;        // 中間層ユニット数
  int trainN      = 10;         // 学習回数
  int batchSize   = 20;         // バッチサイズ
  double learnRate = 0.01;      // 学習率

  public void run() {
    // 学習画像データ読み込み
    double[][] trainData =
      Data.readImage("train-images.idx3-ubyte", patN);

    // オートエンコーダ生成
    AE ae = new AE(inputN, middleN);
    // 学習
    ae.train(trainData, patN, trainN, batchSize, learnRate);

    // 表示用入出力データの用意（最初の100件を対象）
    int n = 100;
    double[][] out = new double[n][];
    // 出力の構築
    for (int i = 0; i < n; i++) {
      ae.reconstruct(trainData[i]);
      out[i] = ae.z.clone();
    }
    // 入力画像表示
    new Visualizer(28, 28, 10, 10, 2).dispDataImage(trainData, n);
    // 出力画像表示
    new Visualizer(28, 28, 10, 10, 2).dispDataImage(out, n);
    // 重みの可視化
    new Visualizer(28, 28, 20, 20, 2).dispWeightImage(ae.w);
  }

  public static void main(String[] args) {
    new AEApp().run();
  }
}
```

224 第 9 章 ディープラーニングの基礎

図 9-5　オートエンコーダ実行結果（上：入力，下：出力）

　実行プログラムでは，パターン数 patN×学習回数 trainN の学習が行われます。入力層のユニット数（次元数）は，画像 1 個の画素サイズ 28×28=784 とし，中

間層のユニット数は 400 と減らしてあります。これは次元圧縮と呼ばれ，入力情報に対し冗長さを除いた少ない数で中間層を表現することになります。

実行結果の図 9-5 は，学習用イメージのサンプルを入力画像として表示しています。それに対する出力画像では，ほぼ「入力＝出力」の状態となっています。また，図 9-6 は重みを可視化したものであり，入力数が 28×28=784，中間層の数が 400 なので重み画像は 28×28 ピクセル画像が 400 個でき，それを 20 行 20 列で表示させています。各重みの値を 0〜255（黒〜白）に正規化して表現したものです。各マスは複雑な 3 次元曲面グラフを上から見ている状態と言えます。

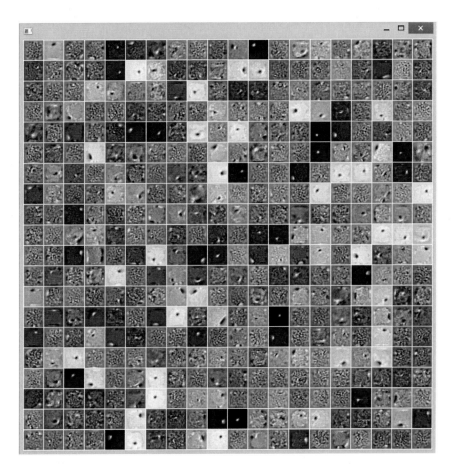

図 9-6　オートエンコーダ実行結果（重み）

9.3 デノイジングオートエンコーダと並列演算

❏ デノイジングオートエンコーダプログラム

　デノイジングオートエンコーダ（Denoising AutoEncoder, DAE）は，オートエンコーダの一種です．図 9-7 のように，入力信号に一定の確率でノイズを付与（信号を欠落）させ，出力に対する教師信号には，ノイズ付与前の入力を用いて学習します．これによって入力パターンにノイズがあっても認識できる能力（あるいはノイズ除去能力），および入力パターンの形が若干違っていても同じパターンと認識できる汎化能力を高めます．

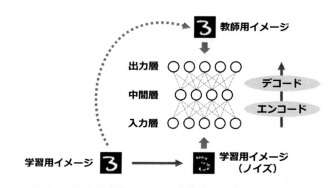

図 9-7　デノイジングオートエンコーダの入出力

　リスト 9-6 の部分プログラムは，オートエンコーダ AE クラスを継承したデノイジングオートエンコーダ DAE クラスの定義です．ノイズ関連の変数およびメソッドを追加・変更しており，学習用の train メソッドの引数には，新たにノイズ率，荷重減衰率を加えてあります．荷重減衰率（weight decay）は，重みが大きくなり過ぎないように抑止する働きがあります．

リスト 9-6　DAE.java　デノイジングオートエンコーダプログラム
```
package ex09;
```

9.3 デノイジングオートエンコーダと並列演算　　227

```java
// デノイジングオートエンコーダクラス(Denoising AutoEncoder)
public class DAE extends AE {
  double[] nx;                     // 入力層(ノイズ付加用)

  public DAE(int n, int m) {
    super(n, m);
    nx = new double[n];
  }

  void accumDelta(double[] x, double[] nx) {     // 誤差修正値蓄積
    for (int i = 0; i < n; i++) {
      b2Tmp[i] = x[i] - z[i];
      b2Delta[i] += b2Tmp[i];
    }
    for (int j = 0; j < m; j++) {
      double s = 0.0;
      for (int i = 0; i < n; i++) s += w[j][i] * b2Tmp[i];
      b1Tmp[j] = s * y[j] * (1 - y[j]);
      b1Delta[j] += b1Tmp[j];
      for (int i = 0; i < n; i++)
        wDelta[j][i]+= b1Tmp[j] * nx[i] + b2Tmp[i] * y[j];
    }
  }

  // ノイズ付加(入力を欠落させる)
  void addNoise(double[] x, double[] nx, double noiseRate) {
    for (int i = 0; i < n; i++)
      nx[i] = Math.random() <= noiseRate ? 0 : x[i];
  }

  // ノイズを付加した学習
  void trainPattern(double[] x, double noiseRate) {
    addNoise(x, nx, noiseRate);       // ノイズ付加データの作成
    reconstruct(nx);
    accumDelta(x, nx);
  }

  // 学習
  void train(double[][] data, int patN, int trainN, int batchSize,
             double lRate, double noiseRate, double wgtDec) {
```

228　第 9 章　ディープラーニングの基礎

```java
    for (int t = 0; t < trainN * patN / batchSize; t++) {// 学習ループ
      initDelta();
      for (int i = 0; i < batchSize; i++) {      // ミニバッチループ
        int idx = (t * batchSize + i) % patN;
        trainPattern(data[idx], noiseRate);      // ノイズを付加した学習
      }
      // 出力層バイアス修正
      for (int i = 0; i < n; i++) b2[i] += lRate * b2Delta[i];
      // 中間層バイアス修正
      for (int j = 0; j < m; j++) {
        b1[j] += lRate * b1Delta[j];
        // 重み修正
        for (int i = 0; i < n; i++)
          w[j][i] += lRate * wDelta[j][i] - wgtDec * w[j][i];
      }
    }
  }
}
```

❏ デノイジングオートエンコーダ実行プログラム

リスト 9-7　DAEApp.java　デノイジングオートエンコーダ実行プログラム

```java
package ex09;

import java.util.Arrays;

public class DAEApp {
  int patN          = 60000;      // パターン数
  int inputN        = 784;        // 入力層ユニット数
  int middleN       = 400;        // 中間層ユニット数
  int trainN        = 10;         // 学習回数
  int batchSize     = 20;         // バッチサイズ
  double learnRate  = 0.01;       // 学習率
  double noiseRate  = 0.5;        // ノイズ率
  double wgtDec     = 0.0002;     // 荷重減衰率

  void run() {
    // 学習画像データ読み込み
    double[][] trainData =
```

9.3 デノイジングオートエンコーダと並列演算　229

```java
        Data.readImage("train-images.idx3-ubyte", patN);

    // デノイジングオートエンコーダ生成
    DAE ae = new DAE(inputN, middleN);
    // 学習
    ae.train(trainData, patN, trainN, batchSize,
            learnRate, noiseRate, wgtDec);

    // 表示用入出力データの用意（最初の100件を対象）
    int n = 100;
    double[][] in = Arrays.copyOf(trainData, n);      // 入力
    double[][] noized = new double[n][];              // ノイズ付き入力
    double[][] out = new double[n][];                 // 出力
    // 出力の構築
    for (int i = 0; i < n; i++) {
      ae.addNoise(in[i], ae.nx, noiseRate);
      noized[i] = ae.nx.clone();
      ae.reconstruct(in[i]);
      out[i] = ae.z.clone();
    }

    // ノイズ画像表示
    new Visualizer(28, 28, 10, 10, 2).dispDataImage(noized);
    // 入力画像表示
    new Visualizer(28, 28, 10, 10, 2).dispDataImage(in);
    // 出力画像表示
    new Visualizer(28, 28, 10, 10, 2).dispDataImage(out);
    // 重み可視化
    new Visualizer(28, 28, 20, 20, 2).dispWeightImage(ae.w);
  }

  public static void main(String[] args) {
    new DAEApp().run();
  }
}
```

図 9-8 はノイズを付与した入力であり，図 9-9 はもとの入力と出力画像です。
ノイズ率=0.5 の入力画像では，50%の確率でランダムに信号を欠落させたもので
す。これを入力信号とし，出力信号がもとの入力に近づくように学習します。

230 第 9 章 ディープラーニングの基礎

図 9-8　ノイズを追加した入力画像（上：20%ノイズ，下：50%ノイズ）

9.3 デノイジングオートエンコーダと並列演算　231

図 9-9　デノイジングオートエンコーダ実行結果（上：もとの入力，下：出力）

　出力画像は，オートエンコーダのものと比べてみると，入力との一致精度は低

く，やや大雑把な出力になっていますが，デノイジングオートエンコーダの目的は100%の復元率ではなく，未知の（学習用パターンに存在しない）イメージでも近いものは識別可能とする汎化能力にあります。

デノイジングオートエンコーダの実行結果では，図 9-10 の重み画像もオートエンコーダのものと比べて，よりはっきりとした特徴的な形状が増えています。

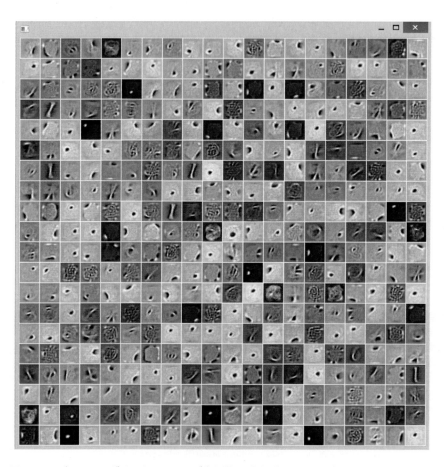

図 9-10 デノイジングオートエンコーダ実行結果（重み）

9.3 デノイジングオートエンコーダと並列演算　233

❏ デノイジングオートエンコーダ並列演算プログラム

リスト 9-8 は，デノイジングオートエンコーダの並列演算バージョン（部分プ
ログラム）です。並列演算はプログラムの実行を複数のプロセッサに振り分けて
同時に実行することで演算速度を向上させます。この並列演算では，特別なハー
ドウェアや開発フレームワークを必要とせず，言語の標準機能だけで実装でき，
Intel Core i7 などのマルチコア CPU の能力を活かすことができます。

リスト 9-8　DAEPara.java　デノイジングオートエンコーダ並列演算バージョン

```java
package ex09;

import java.util.function.Consumer;
import java.util.stream.IntStream;

// 並列デノイジングオートエンコーダクラス(Denoising AutoEncoder)
public class DAEPara extends DAE {
  int paraN;

  // 並列ループ構造
  void loopPara(int n, Consumer<Integer> body) {
    int t = (int)Math.ceil((double)n / paraN);
    IntStream.range(0, paraN).parallel().forEach(i -> {
      int st = i*t, ed = Math.min((i+1)*t, n);
      for (int j = st; j < ed; j++) {
        body.accept(j);
      }
    });
  }

  public DAEPara(int n, int m, int paraN) {
    super(n, m);
    this.paraN = paraN;
  }

  void encode(double[] x, double[] y) {         // エンコード
    loopPara(m, j -> {
      double s = 0.0;
      for (int i = 0; i < n; i++) s += w[j][i] * x[i];
      y[j] = sigmoid(s + b1[j]);
```

234　第 9 章 ディープラーニングの基礎

```java
    });
  }

  void decode(double[] y, double[] z) {              // デコード
    loopPara(n, i -> {
      double s = 0.0;
      for (int j = 0; j < m; j++) s += w[j][i] * y[j];
      z[i] = sigmoid(s +  + b2[i]);
    });
  }

  void initDelta() {                                 // 誤差修正値初期化
    for (int i = 0; i < n; i++) b2Delta[i] = 0.0;
    loopPara(m, j -> {
      b1Delta[j] = 0.0;
      for (int i = 0; i < n; i++) wDelta[j][i] = 0.0;
    });
  }

  void accumDelta(double[] x, double[] nx) {    // 誤差修正値蓄積
    for (int i = 0; i < n; i++) {
      b2Tmp[i] = x[i] - z[i];
      b2Delta[i] += b2Tmp[i];
    }
    loopPara(m, j -> {
      double s = 0.0;
      for (int i = 0; i < n; i++) s += w[j][i] * b2Tmp[i];
      b1Tmp[j] = s * y[j] * (1 - y[j]);
      b1Delta[j] += b1Tmp[j];
      for (int i = 0; i < n; i++)
        wDelta[j][i]+= b1Tmp[j] * nx[i] + b2Tmp[i] * y[j];
    });
  }

  // 学習
  void train(double[][] data, int patN, int trainN, int batchSize,
      double lRate, double noiseRate, double wgtDec) {
    for (int t = 0; t < trainN * patN / batchSize; t++) {// 学習ループ
      initDelta();
      for (int i = 0; i < batchSize; i++) {              // ミニバッチループ
        int idx = (t * batchSize + i) % patN;
```

```
      trainPattern(data[idx], noiseRate);          // 学習
    }
    // 出力層バイアス修正
    for (int i = 0; i < n; i++) b2[i] += lRate * b2Delta[i];
    loopPara(m, j -> {
      // 中間層バイアス修正
      b1[j] += lRate * b1Delta[j];
      // 重み修正
      for (int i = 0; i < n; i++)
        w[j][i] += lRate * wDelta[j][i] - wgtDec * w[j][i];
    });
    }
  }
}
```

　本プログラムでは，次のような並列演算版のループ制御構造ともいえる
loopPara メソッドを定義し，for ループの代わりに用います。引数には関数型イ
ンタフェースの Consumer 型を用いて，整数型引数を 1 個受け取るラムダ式が与
えられることを想定しています。この 1 個の引数がループカウンタとして機能し
ます。ラムダ式内ではループカウンタを用いて任意の処理を行うことができ，ち
ょうど for 文の処理本体に相当するものをラムダ式本体に記述します。

　並列化は Stream 型データに対する parallel メソッドを使います。parallel
で生成された数値リストは，forEach によって並列に処理されます。そして
forEach に渡すラムダ式本体がそれぞれ並列に動作します。loopPara の処理で
は，変数 paraN に設定した値を並列数とし，n 回ループに対し n÷paraN 個ずつ
に分割し，それらをグループ別に並列処理します。

```
void loopPara(int n, Consumer<Integer> body) {
  int t = (int)Math.ceil((double)n / paraN);
  IntStream.range(0, paraN).parallel().forEach(i -> {
    int st = i*t, ed = Math.min((i+1)*t, n);
    for (int j = st; j < ed; j++) {
      body.accept(j);
    }
  });
}
```

loopParaの動作は，図9-11のように並列分割数paraNによって0，1，2…9といったループで生成される数列を分割し，それぞれを並列に実行します。一般に，並列演算プログラムは，並列処理単位間のデータの共有および同期を考慮した処理命令や変数を導入することがありますが，本プログラムの方法ではロジックの変更や共有・同期用の変数は追加しません。並列処理可能なループ本体であれば，だいたいfor構造をloopParaに置き換えるだけで容易に並列化できます。このように，本来直列処理であるループ処理を簡単に並列化します。リスト9-9が，デノイジングオートエンコーダの並列演算バージョンの実行プログラムです。

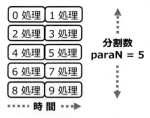

図9-11　並列演算用制御構造loopParaの動作

リスト9-9　DAEParaApp.java　デノイジングオートエンコーダ並列演算実行プログラム

```
package ex09;

public class DAEParaApp {
  int patN          = 60000;      // パターン数
  int inputN        = 784;        // 入力層ユニット数
  int middleN       = 400;        // 中間層ユニット数
```

9.3 デノイジングオートエンコーダと並列演算　237

```java
int trainN       = 10;       // 学習回数
int batchSize    = 20;       // バッチサイズ
double learnRate = 0.01;     // 学習率
double noiseRate = 0.5;      // ノイズ率
double wgtDec    = 0.0002;   // 荷重減衰率

// 時間計測対象の処理本体用の関数型インタフェース
public interface SimpleFun { void action(); }

public void time(String s, SimpleFun fun) {     // 時間計測用
  long start = System.currentTimeMillis();
  fun.action();                                  // 処理本体の実行
  long end = System.currentTimeMillis();
  System.out.printf("%s: %d[ms]¥n", s, end - start);
}

void run() {
  // 学習画像データ読み込み
  double[][] trainData =
    Data.readImage("train-images.idx3-ubyte", patN);

  time("DAE¥t¥t", () -> {
    // デノイジングオートエンコーダ生成
    DAE ae = new DAE(inputN, middleN);
    // 学習
    ae.train(trainData, patN, trainN, batchSize,
             learnRate, noiseRate, wgtDec);
  });

  time("DAEPara¥t", () -> {
    // 並列デノイジングオートエンコーダ生成
    int paraN = 8;          // 並列数
    DAE ae = new DAEPara(inputN, middleN, paraN);
    // 学習
    ae.train(trainData, patN, trainN, batchSize,
             learnRate, noiseRate, wgtDec);
  });
}

public static void main(String[] args) {
```

```
    new DAEParaApp().run();
  }
}
```

実行結果

```
Image loaded: 60000/60000
DAE      : 1622316[ms]
DAEPara  :  713519[ms]          … 並列演算バージョンの処理時間
```

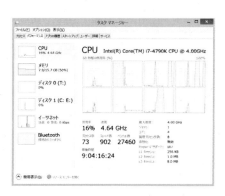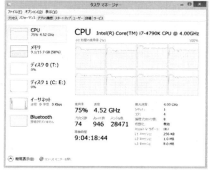

図9-12　CPU利用率の比較（左： DAE，右：並列演算DAE，Core i7・4コア）

　図9-12に直列と並列のCPU使用率の比較を示します。実際の並列演算は並列分割数に正確に比例して性能が上がるわけではなく，またCPUコア数や性能にも影響されます。Streamの並列化の性質として，個々の並列処理の内容が単純だと，並列化のオーバヘッドが占める処理時間の比重が大きくなり，逆に処理時間が長くなることがあります。なので，単純なループ処理は直列処理のままにしておき，複雑で重たいループ処理について並列化を検討したほうがよさそうです。

　なお，並列演算で気を付ける点として，それぞれの並列処理単位による同一変数へのアクセスはまちまちに起こります。よって，同じ変数について更新と参照の順序が決まっている処理や，同じ変数を更新する際は，同期機能を使うかアルゴリズムを工夫しなければならない場合があります。これは，マルチスレッドなどの並列処理全般で注意すべきことであり，排他制御と呼ばれます。排他制御は，共通のリソース（変数，メモリ）に対する同時アクセスによって起こるデータの

不整合を回避する処理方法であり，主に，リソースアクセスをロックし，常に一つのスレッド，並列処理単位のみがアクセスできるようにコントロールします。

9.4 ディープニューラルネットワーク

❏ 多層デノイジングオートエンコーダの構成

多層デノイジングオートエンコーダ（Stacked Denoising AutoEncoder, SDA）は，デノイジングオートエンコーダを複数積み上げて構築するディープニューラルネットワーク（Deep Neural Network, DNN）の手法です。

多層デノイジングオートエンコーダは，図9-13のようにオートエンコーダ（DAE）を一つずつ学習して積み重ねていきます。DAE-1の学習が済むとその出力層を取り除き，その上に次のDAE-2を載せて学習します。このときDAE-1を構成していた重みは学習済みなので変更しません。このような学習と積み上げを繰り返していく過程をプレトレーニング（Pre-training）といいます。

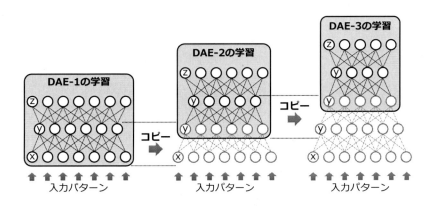

図9-13　多層デノイジングオートエンコーダのプレトレーニング

プレトレーニングの目的は，DNNを構成する各重みをよい値に初期化すること

です．多層パーセプトロンでは重みは単にランダムで初期化しており，そのため深いネットワークでは学習がうまくいきませんでした．

また，図9-14のように目的のラベルつまり手書き文字の0~9に分類する出力層のネットワークを追加して構造を完成させます．出力層には多クラス分類器として一般的な8章のロジスティック回帰を用います．プレトレーニング終了後，ネットワーク全体で仕上げの教師あり学習をします．これをファインチューニング（Fine-tuning）といいます．

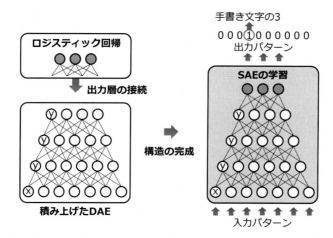

図9-14　多層デノイジングオートエンコーダのファインチューニング

❏ 多層デノイジングオートエンコーダプログラム

リスト9-10は，多層デノイジングオートエンコーダのプログラム（部分プログラム）です．SAEクラスのコンストラクタに積み重ねるオートエンコーダの個数と各層の次元数を与えて構築します．各中間層にはDAEを用い，出力層にはロジスティック回帰を用います．

この構成には，8章の多層パーセプトロン（MLP）を再利用して活用します．まずプレトレーニングによってSAEの各DAEを学習させ，次に多層に構築したMLPの重みに各DAEの重みをコピーします．後はMLPのバックプロパゲーションを行

9.4 ディープニューラルネットワーク　　241

えばファインチューニングが実行できます。

　なお，本プログラムでは並列演算版の DAEPara および，同じ方法で並列化した
リスト 9-11 の MLPPara を用いて並列演算処理を活用しています。

リスト 9-10　SAE.java　多層デノイジングオートエンコーダプログラム

```java
package ex09;

import ex08.*;

// 多層デノイジングオートエンコーダクラス(Stacked Denoising AutoEncoder)
public class SAE {
  int layerN;            // 多層パーセプトロンの層の数
  int[] unitN;           // 多層パーセプトロンのユニット数
  MLPPara mlp;           // 多層パーセプトロン
  int stackN;            // デノイジングオートエンコーダの層の数
  DAEPara[] ae;          // デノイジングオートエンコーダ
  double[][][] cache;    // 中間層のキャッシュ(プレトレーニング作業用)

  public SAE(int layerN, int[] unitN, double wMax) {
    this.layerN = layerN;
    this.unitN = unitN;
    stackN = layerN - 2;
    cache = new double[stackN][][];

    // 多層パーセプトロンの構築(並列バージョン)
    mlp = new MLPPara(layerN, unitN, wMax, 8);

    // 多層デノイジングオートエンコーダの構築(並列バージョン)
    ae = new DAEPara[stackN];
    for (int l = 0; l < stackN; l++) {
      ae[l] = new DAEPara(unitN[l], unitN[l + 1], 8);
    }
  }

  // プレトレーニング
  void preTrain(double[][] d, int patN, double[][] param) {
    for (int l = 0; l < stackN; l++) {                  // 層ループ
      double[][] in = (l == 0) ? d : cache[l - 1];   // 入力値のセット
      double[] p = param[l];
```

242 第 9 章 ディープラーニングの基礎

```java
      ae[1].train(in, patN, (int)p[0], (int)p[1], p[2], p[3], p[4]);
      cache[l] = new double[patN][];
      for (int i = 0; i < patN; i++) {
        cache[l][i] = new double[ae[l].m];
        ae[1].encode(in[i], cache[l][i]);          // 中間層値保存
      }
    }
  }


  // ファインチューニング
  void fineTune(double[][] d, double[][] t, int patN, double[] p,
                MLP.ReportFun fun) {
    for (int l = 0; l < mlp.layerN-2; l++) {
      for (int j = 0; j < mlp.unitN[l+1]; j++) {
        for (int i = 0; i < mlp.unitN[l]; i++) {
          mlp.w[l+1][j][i] = ae[l].w[j][i];     // AEからMLPへ重みコピー
        }
        mlp.w[l+1][j][mlp.unitN[l]] = ae[l].b1[j];
      }
    }
    mlp.train(d, t, patN, (int)p[0], p[1], fun);
  }


  // 順伝搬
  double[] forward(double[] d) {
    mlp.forward(d);
    return mlp.unit[mlp.layerN-1];
  }


  int getResult() {                  // 最大の出力を認識結果と判定する
    return mlp.getResult();
  }
}
```

リスト 9-11　MLPPara.java　多層パーセプトロン並列演算プログラム

```java
package ex08;

import java.util.function.Consumer;
import java.util.stream.IntStream;


// 多層パーセプトロンクラス（並列演算バージョン）
```

9.4 ディープニューラルネットワーク 243

```java
public class MLPPara extends MLP {
  int paraN;

  void loopPara(int n, Consumer<Integer> body) {
    int t = (int)Math.ceil((double)n / paraN);
    IntStream.range(0, paraN).parallel().forEach(i -> {
      int st = i*t, ed = Math.min((i+1)*t, n);
      for (int j = st; j < ed; j++) {
        body.accept(j);
      }
    });
  }

  public MLPPara(int layerN, int[] unitN, double wMax, int paraN) {
    super(layerN, unitN, wMax);
    this.paraN = paraN;
  }

  void softmax(double[] x) {                        // ソフトマックス関数
    double s = 0.0;
    for (int i = 0; i < x.length; i++) {
      x[i] = Math.exp(x[i]);
      s += x[i];
    }
    for (int i = 0; i < x.length; i++) x[i] /= s;
  }

  public void forward(double[] d) {                 // 順伝搬
    for (int j = 0; j < unitN[0]; j++) unit[0][j] = d[j];   // 入力層
    for (int l = 0; l < outLayer-1; l++) {          // 中間層
      final int ll = l;
      loopPara(unitN[l+1],  j -> {
        double s = 0.0;
        for (int i = 0; i < unitN[ll]+1; i++) {
          s += w[ll+1][j][i] * unit[ll][i];
        }
        unit[ll+1][j] = sigmoid(s);
      });
    }
    loopPara(unitN[outLayer], j -> {                // 出力層
      unit[outLayer][j] = 0.0;
```

244   第 9 章 ディープラーニングの基礎

```java
      for (int i = 0; i < unitN[outLayer-1]+1; i++) {
        unit[outLayer][j] +=
          w[outLayer][j][i] * unit[outLayer-1][i];
      }
    });
    softmax(unit[outLayer]);
  }


  void backPropagate(double[] d, double[] t) {          // 逆伝搬
    for (int j = 0; j < unitN[outLayer]; j++) {         // 出力層
      delta[outLayer][j] = t[j] - unit[outLayer][j];
    };
    for (int j = 0; j < unitN[outLayer]; j++) {
      err += delta[outLayer][j] * delta[outLayer][j];
    }
    for (int l = outLayer-1; l > 0; l--) {              // 中間層
      final int ll = l;
      loopPara(unitN[l], j -> {
        double df = unit[ll][j] * (1.0 - unit[ll][j]);
        double s = 0.0;
        for (int k = 0; k < unitN[ll+1]; k++) {
          s+= delta[ll+1][k] * w[ll+1][k][j];
        }
        delta[ll][j] = df * s;
      });
    }
  }


  void update(double rate) {                            // 重み更新
    for (int l = layerN-1; l > 0; l--) {
      final int ll = l;
      loopPara(unitN[l], j -> {
        for (int i = 0; i < unitN[ll-1]+1; i++) {
          w[ll][j][i] += rate * delta[ll][j] * unit[ll-1][i];
        }
      });
    }
  }
}
```

9.4 ディープニューラルネットワーク　245

❏ 手書き文字認識のディープラーニングプログラム

リスト 9-12 は，多層デノイジングオートエンコーダを用いて MNIST の手書き
文字データで実際に学習と認識を行うプログラムです。

リスト 9-12　SAEApp.java　多層デノイジングオートエンコーダ実行プログラム

```java
package ex09;

class Param {                    // パラメータ用クラス
  int[] saeUnitParam;            // 多層オートエンコーダの構成パラメータ
  double[][] preParam;           // プレトレーニング(DAE)用パラメータ
  double[] fineParam;            // ファインチューニング(MLP)用パラメータ

  public Param(int[] saeUnitParam, double[][] preParam,
        double[] fineParam) {
    this.saeUnitParam = saeUnitParam;
    this.preParam = preParam;
    this.fineParam= fineParam;
  }
}

public class SAEApp {
  int patN                = 60000;      // パターン数
  double[][] trainData;                 // 学習用イメージ
  double[][] teachLabel;                // 学習用ラベル
  double[][] testData;                  // 認識テスト用イメージ
  byte[] testLabelValue;                // 認識テスト用ラベル値

  Param param = new Param(
    // 多層オートエンコーダの生成(各層次元数)
    //              入力      中間      中間      出力
    new int[]     { 784,     400,     400,     10 },

    // プレトレーニング(DAE)用パラメータ
    //          学習回数 バッチサイズ 学習率   ノイズ率  荷重減衰率
    new double[][] {{ 15,      10,     0.03,    0.3,   0.0002 },
                    { 15,      10,     0.03,    0.3,   0.0002 }},

    // ファインチューニング(MLP)用パラメータ
```

```
      //              学習回数      学習率
    new double[]     { 15,        0.1 }
);

public void run() {                      // 実行
    init();
    train(param);
}

void init() {
    // 手書きイメージ学習データ読み込み
    trainData = Data.readImage("train-images.idx3-ubyte", patN);
    teachLabel = Data.readLabel("train-labels.idx1-ubyte", patN);

    // 手書きイメージテストデータ読み込み
    int n = 10000;
    testData = Data.readImage("t10k-images.idx3-ubyte", n);
    Data.readLabel("t10k-labels.idx1-ubyte", n);
    testLabelValue = Data.labelData;
}

void train(Param p) {
    // プレトレーニング
    System.out.println("Pre training...");
    SAE sae = new SAE(p.saeUnitParam.length, p.saeUnitParam, 0.01);
    sae.preTrain(trainData, patN, p.preParam);

    // ファインチューニング
    System.out.println("Fine tuning...");
    sae.fineTune(trainData, teachLabel, patN, p.fineParam,
      (t, err) -> {
          double rate = test(sae);        // 学習ループのたびに認識テスト
          System.out.printf(
            "Training = %2d, Recognition = %.2f%%¥n",
            t+1, rate);
      }
    );

    // 重み可視化
    new Visualizer(28, 28, 20, 20, 2).dispWeightImage(sae.ae[0].w);
}
```

9.4 ディープニューラルネットワーク　247

```java
  double test(SAE sae) {                    // 認識テスト
    int n = 10000;
    int count = 0;
    for (int i = 0; i < n; i++) {
      int label = testLabelValue[i];
      sae.forward(testData[i]);
      int result = sae.getResult();
      if (result == label) count++;
    }
    return count * 100.0 / n;
  }

  public static void main(String[] args) {
    new SAEApp().run();
  }
}
```

実行結果

```
Image loaded: 60000/60000
Label loaded: 60000/60000
Image loaded: 10000/10000
Label loaded: 10000/10000
Pre training...
Fine tuning...
Training =  1, Recognition = 97.14%
Training =  2, Recognition = 97.67%
Training =  3, Recognition = 97.93%
Training =  4, Recognition = 98.39%
Training =  5, Recognition = 98.42%
Training =  6, Recognition = 98.50%
Training =  7, Recognition = 98.57%
Training =  8, Recognition = 98.64%
Training =  9, Recognition = 98.84%
Training = 10, Recognition = 98.86%
Training = 11, Recognition = 98.85%
Training = 12, Recognition = 98.84%
Training = 13, Recognition = 98.84%
Training = 14, Recognition = 98.84%
Training = 15, Recognition = 98.86%
```

248　第 9 章　ディープラーニングの基礎

　プログラムは 4 層のネットワークについて，各層のユニット数，プレトレーニング用パラメータ，ファインチューニング用パラメータを与えて 60,000 件の学習用データを用いて学習します。そして，ファインチューニングの学習ループごとに，10,000 件の認識テストデータを用いてどれだけ認識できるようになったかカウントし，認識率を表示させています。

　今回の結果では，学習終了時で認識率が約 98.9%になりました。また，ファインチューニング終了時の 1-2 層間の重みを可視化したのが図 9-15 です。

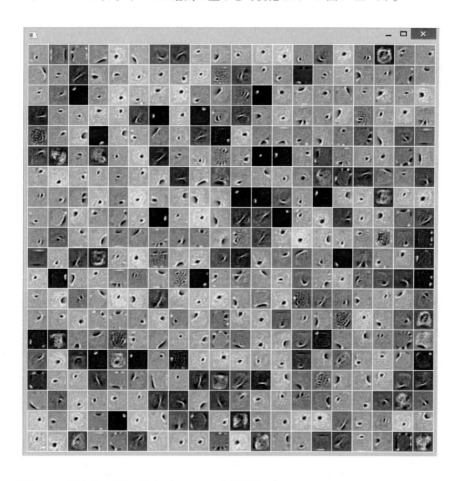

図 9-15　多層デノイジングオートエンコーダ学習後の重み

第 10 章　Java 環境の導入

10.1　Java 開発環境とプログラム作成

❏ Java の関数型スタイル

　Java は，組み込みプログラムや Web アプリケーションなど，広範囲に使用されている開発言語です。オブジェクト指向は，大規模なシステムの開発やメンテナンスに有効なプログラミングスタイルです。近年，開発現場では，記述の簡潔さや柔軟性，副作用の少ない処理などが重視され，関数型プログラミングが注目されています。Java8 からは，従来のオブジェクト指向に加え，関数型に近いプログラミングスタイルが導入されています。これらの機能について，特に本書で関連するものに次のようなものがあります。

- ・　処理内容をメソッドの引数として扱うためのラムダ式。
- ・　ラムダ式をメソッドの引数として扱うための関数型インタフェース。
- ・　Stream API とラムダ式の活用による柔軟な記述。
- ・　Stream API による簡単な並列演算。

　開発実績の多い Java のこのような動向からも，関数型プログラミングスタイルは，重要な開発技法であると感じられます。関数型言語には，その柔軟性と簡潔さのためにインタープリタ方式や動的型付けといった，実行時にソースコードが解釈される形態もあります。しかし開発言語としての実用性が注目され，コンパイラ方式による実行時の速度の重視や，静的型付けによる厳格なエラーチェックの導入で，柔軟性と簡潔さだけでなく，性能と生産性などの両立がなされてきました。静的型付けコンパイラ型言語である Java における関数型スタイルの拡張も，そういった関数型ニーズの方向性に即した対応と捉えることができます。

❑ Eclipse の導入

ここでは，統合開発環境 Eclipse を導入した学習環境の準備方法を解説します。まず，次のサイトより JDK（Java SE Development Kit）をインストールします。

Web サイト：	http://www.oracle.com/
	technetwork/java/javase/downloads/
JDK バージョン：	Java Platform, Standard Edition
	Java SE 8uXX
ダウンロードファイル：	jdk-8u91-windows-XXXX.exe

Eclipse は次のサイトから日本語化されたバージョンをダウンロードし PC 内に配置します。

Web サイト：	http://mergedoc.sourceforge.jp/
Eclipse バージョン：	Eclipse 4.6 Neon Pleiades All in One
ダウンロードパッケージ：	Java - Full Edition - 32bit か 64bit
ファイル展開方法：	pleiades 内の eclipse フォルダごとCドライブなどへ
Eclipse 起動方法：	eclipse フォルダ内の eclipse.exe を起動

❑ プロジェクトとパッケージの作成

Eclipse を起動すると図 10-1 のような画面が表示されます。まず「ようこそ」の画面を閉じておきます。

Eclipse では，プログラムを作成する前にプロジェクトというものを作成し，その中にプログラムを作成します。ここでは，「TestProject」という名前のプロジェクトを作成します。一つのプロジェクトには，後から複数のプログラムを追加して作成することができます。

プロジェクトの作成では，図 10-2 のように「ファイル」メニューから「新規」→「Java プロジェクト」を選択します。次に，図 10-3 のように，プロジェクト名を入力して「完了」をクリックします。

10.1 Java 開発環境とプログラム作成　251

図 10-1　Eclipse の起動画面

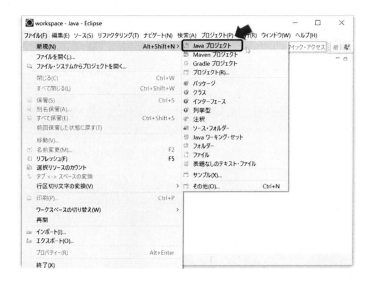

図 10-2　Java プロジェクトの作成手順（1）

252　第 10 章　Java 環境の導入

図 10-3　Java プロジェクトの作成手順（2）

　TestProject ができたら，図 10-4 のようにプロジェクトの右クリックメニューから「新規」→「パッケージ」を選択してパッケージを作り，図 10-5 のようにパッケージの名前を入力します。ここでは，練習の基礎という意味で「ex.basic」というパッケージを作成します。
　パッケージの実体はフォルダです。Java プログラムは階層フォルダによるパッケージで整理しながら作っていきます。なお，本書のプログラムリストでは，先頭に「package ex01」などの所属パッケージの記述があるので，ソースを打ち込むような場合は，まず「ex01」などのパッケージを作成し，その下にクラスを作成していくといいでしょう。

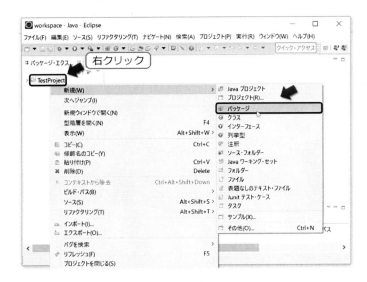

図 10-4　パッケージの作成手順（1）

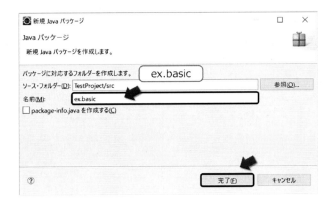

図 10-5　パッケージの作成手順（2）

❏ Helloプログラムの作成

　図 10-6 のようにプログラムを作成します。パッケージを右クリックし、「クラス」を選び、図 10-7 のように「名前」を「HelloApp」にします。

254　第 10 章　Java 環境の導入

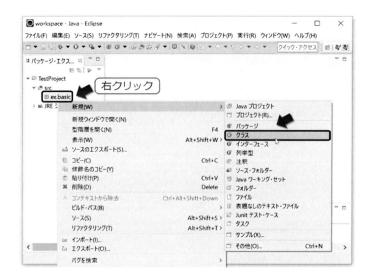

図 10-6　クラスの作成手順（1）

図 10-7　クラスの作成手順（2）

10.1 Java 開発環境とプログラム作成

画面にプログラムの原型が表示され、これを編集して、リスト 10-1 のような内容にします。プログラムが完成したら、図 10-8 のように実行してみます。

リスト 10-1　HelloApp.java　Hello プログラム

```
package ex.basic;                              … 所属パッケージ

public class HelloApp {                        … HelloAppクラスの定義

  public static void main(String[] args) {    … mainメソッド
    System.out.println("Hello!");              … 処理内容（文字出力する）
  }
}
```

実行結果
```
Hello!
```

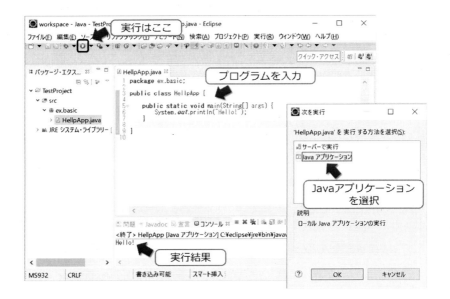

図 10-8　Eclipse の Java プログラム実行画面

256 第 10 章 Java 環境の導入

本プログラムは，保存されるファイル名が「HelloApp.java」です。Eclipse で
はプログラムは自動的にコンパイルされ，プロジェクトのフォルダ以下の
「bin¥ex¥basic」に「HelloApp.class」というバイトコード形式のファイルが
生成されます。プログラムの実行によって，このファイルが Eclipse 内で起動し
ます。実行結果はコンソールウィンドウに表示されます。

10.2　リスト処理ライブラリ

❏ AI 処理に適したデータ構造

AI プログラミングでは，データ構造にリストを用いることがあり，特に再帰処
理では，リスト操作がよく使われます。この場合，手続き型言語やオブジェクト
指向言語のような副作用のあるデータ構造よりも，関数型言語のような副作用の
ないデータ構造のほうが再帰処理には適しています。データの副作用について，
副作用のあるデータ構造は次の特徴があります。

- 空のデータ構造を構築し，後から要素に値を格納する。
- データ構造の動的な変更は，もとのデータ構造に要素の追加や削除を行う。
- データ構造の操作メソッドは副作用で処理し，値を返さない。

対して，副作用のないデータ構造は次の特徴があります。

- はじめから値を持ったデータ構造を動的に生成し，後から要素に値を格納しない。
- データ構造の動的な変更はせず，要素を加える，あるいは部分要素を参照し，新
  たなデータ構造を構築する。
- データ構造の操作メソッドは副作用がなく，値を返す。

最後の「値を返す」という性質は，関数型プログラミングでは重要であり，再帰
関数などを作る時も，値を返すメソッドを組み合わせて記述する方が簡潔になり
ます。

❏ コンセルによるリスト処理ライブラリ

本書で使用するオリジナルライブラリを紹介します。本ライブラリは，図 10-9，図 10-10 のようなデータ構造による Cons クラスを定義しています。基本構造は，二進木（ツリー構造）によるリストです。これはコンセルと呼ばれるツリーの枝分かれ部分に相当する連結要素，文字や数値などのデータ値であるアトム，リストの終端を表す Nil で構成されます。Nil は空リストも表しています。

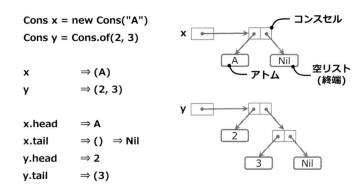

図 10-9　Cons クラスによるリストの生成と要素アクセス

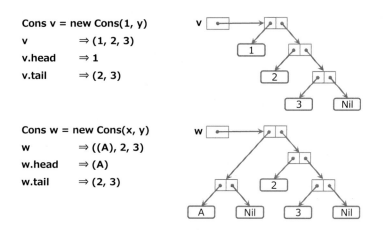

図 10-10　Cons クラスによるリストの連結

258　第 10 章　Java 環境の導入

　Cons データは，関数型プログラミングに適しており，AI プログラミングを簡潔かつ柔軟にします。Cons は，Java の ArrayList や LinkedList に比べ，前述の副作用のない関数型処理において，シンプルかつ高速に動作します。例えば，再帰処理において，リスト x の先頭を取り除いた残りリストを引数に渡す際，x.tail という最も高速な処理方法で残りリストを部分参照します。これは，x から部分リストをコピーして作るのではなく，x の一部をそのまま参照します。このとき，もしリスト内容に対する副作用となるような更新をした場合，それを再帰処理の過程で行うと，同じリスト要素を使用しているため，破壊的代入操作として異なる再帰レベルの処理に影響を及ぼす可能性があります。しかし，Cons リストの操作スタイルは副作用がないため，そのような影響を考える必要がありません。また，リストへの要素追加も，new Cons(a, x)という形で元の x をそのまま使用し，x 内への副作用もなく，さらに x をコピーする処理コストもありません。

　関数型スタイルの大きな特徴の一つとして，次のような関数式の表記法があります。これは数式表現として一般的なものです。

```
funC(funB(funA(x)))
```

　この処理手順は，funA の結果を funB に与え，さらに funB の結果を funC に与えて最終結果を得るものです。非常に柔軟かつ一貫した記述法ですが，大きな欠点は，括弧の対応がわかりにくいため記述しにくいことです。それを解消するのがオブジェクト指向スタイルであり，次のような記述パターンです。

```
x.funA().funB().funC()
```

　つまり，オブジェクト x に対しメソッド funA を呼び出し，funA の結果であるオブジェクトに対し，funB を呼び出し，さらにその結果であるオブジェクトに対し funC を呼び出します。このように，各メソッドがオブジェクトを返すような仕様にすることで，関数型スタイルをさらに記述しやすくできます。Cons クラスもオブジェクト指向設計によるものなので，このように記述できます。

また，Java の Stream データは，このような関数型スタイルに有効ですが，AI プログラミングでは，記述が長くなる場合が多く，Stream とリスト構造の相互変換などを必要とするため非効率となります。リストの再帰処理では，コンスセル型のリスト処理はシンプルで高速です。本ライブラリは，本書のプログラムに対し，より短く記述できるよう設計されています。特に，Java ではコレクションに < >表記による型パラメータ（総称型，ジェネリック）を使いますが，本ライブラリでは，型パラメータの使用を避けた簡易な仕様になっています。欠点は，本書の AI プログラム向きに作ってあるため，汎用性がやや低いことです。

リスト 10-2 は，リスト処理ライブラリのプログラムです。パッケージ my を作成してその下に配置します。これらを使用する際は，my.Cons を import します。各メソッドの使い方は，本書のそれらの利用場面において簡単に説明しています。Cons クラスは，関数型インタフェースとラムダ式を活用し，Stream API や関数型言語 Scala に似たメソッド群を持っています。本ライブラリについて，本書のプログラムを改良しながら，ライブラリに機能を追加していけば，関数型のリスト処理について理解が深まり，よい学習材料となるでしょう。

リスト 10-2　Cons.java　リスト処理ライブラリ

```java
package my;

import java.util.ArrayList;
import java.util.Arrays;
import java.util.List;
import java.util.function.Consumer;
import java.util.function.Function;
import java.util.function.Predicate;
import java.util.stream.Stream;

// Nilクラス（空リストを表す）
class Nil extends Cons {
  public boolean equals(Object x) {
    return x instanceof Nil ? true : false;
  }

  public String toString() {
    return "()";
  }
```

260 第 10 章 Java 環境の導入

```java
}

// Consクラス(リストを構成するコンスセル)
public class Cons implements Comparable<Cons> {
  public static Cons Nil = new Nil();      // Nil: 空リストを表す
  public Object head = null;               // head: 先頭要素
  public Cons tail = Nil;                   // tail: 先頭以外の残りのリスト

  public Cons() { }

  // Cons: コンストラクタ, リストの作成
  //   a => (7, 8, 9)
  //   new Cons(1)      => (1)
  //   new Cons(1, a)    => (1, 7, 8, 9)
  //   new Cons(1, 2, a) => (1, 2, 7, 8, 9)
  public Cons(Object... x) {
    this();
    head = x[0];
    Cons cons = this;
    int n = x.length;
    for (int i = 1; i < n-1; i++) {
      cons.tail = new Cons();
      cons = cons.tail;
      cons.head = x[i];
    }
    if (n > 1) cons.tail = (Cons)x[n-1];
  }

  // Cons.of: リストの作成
  //   Cons.of(1, 2, 3) => (1, 2, 3)
  public static Cons of(Object... x) {
    int n = x.length;
    Cons cons = Nil;
    for (int i = n-1; i >= 0; i--) {
      cons = new Cons(x[i], cons);
    }
    return cons;
  }

  // Cons.range:  連続数値リストの作成
  //   Cons.range(1, 4) => (1, 2, 3)
```

10.2 リスト処理ライブラリ　261

```java
public static Cons range(int from, int to) {
  return from == to ? Nil : new Cons(from, range(from + 1, to));
}

// Cons.fill: 初期値リストの作成
//   Cons.fill(3, 0) => (0, 0, 0)
public static Cons fill(Object x, int n) {
  if (n == 0) return Cons.Nil;
  else return new Cons(x, Cons.fill(x, n - 1));
}

// makeIntArray2:    二次元配列（整数）の作成
//   Cons.makeIntArray2(3, 3, 0) => { {0,0,0}, {0,0,0}, {0,0,0} }
public static Integer[][] makeIntArray2(int n, int m, Integer val){
  Integer[][] a = Stream.generate(() ->
             new Integer[m]).limit(n).toArray(Integer[][]::new);
  for (int i = 0; i < n; i++) Arrays.fill(a[i], val);
  return a;
}

// makeCharArray2:    二次元配列（文字）の作成
//   Cons.makeCharArray2(3, 3, 'a') =>
//                { {'a','a','a'}, {'a','a','a'}, {'a','a','a'} }
public static Character[][] makeCharArray2(int n, int m,
                                           Character val) {
  Character[][] a = Stream.generate(() ->
             new Character[m]).limit(n)
                 .toArray(Character[][]::new);
  for (int i = 0; i < n; i++) Arrays.fill(a[i], val);
  return a;
}

// Cons.fromArray: 配列からの変換
//   array => {1, 2, 3}
//   Cons.fromArray(list) => (1, 2, 3)
public static Cons fromArray(Object[] x) {
  int n = x.length;
  Cons cons = Nil;
  for (int i = n-1; i >= 0; i--) {
    cons = new Cons(x[i], cons);
  }
```

262 第 10 章 Java 環境の導入

```java
    return cons;
  }

  // Cons.fromList: List型からの変換
  //   list => [1, 2, 3]
  //   Cons.fromList(list) => (1, 2, 3)
  public static Cons fromList(List<?> x) {
    int n = x.size();
    Cons cons = Nil;
    for (int i = n-1; i >= 0; i--) {
      cons = new Cons(x.get(i), cons);
    }
    return cons;
  }

  // fromStream:    Stream型からの変換
  //   stream => [1, 2, 3]
  //   Cons.fromStream(stream) => (1, 2, 3)
  public static Cons fromStream(Stream<?> s) {
    return Cons.fromArray(s.toArray());
  }

  // toArray: 配列への変換
  //   a => (1, 2, 3)
  //   a.toArray() => {1, 2, 3}
  public Object[] toArray() {
    return (Object[])toList().toArray(new Object[0]);
  }

  // toList: List型への変換
  //   a => (1, 2, 3)
  //   a.toList() => (1, 2, 3)
  public List<Object> toList() {
    List<Object> list = new ArrayList<Object>();
    Cons c = this;
    while (c != Nil) {
      list.add(c.head);
      c = c.tail;
    }
    return list;
  }
```

10.2 リスト処理ライブラリ　　263

```java
// stream:    Stream型への変換
//   a => (1, 2, 3)
//   a.toStream() => [1, 2, 3]
public Stream<Object> toStream() {
  List<Object> list = new ArrayList<Object>();
  Cons c = this;
  while (c != Nil) {
    list.add(c.head);
    c = c.tail;
  }
  return list.stream();
}

// equals:    等しいか
//   a => (1, 2, (3)), b => (1, 2, (3))
//   a.equals(b) => true
public boolean equals(Object x) {
  if (x == null) return false;
  else if (this instanceof Nil && x instanceof Nil) return true;
  else if (this instanceof Nil || x instanceof Nil) return false;
  else if (this instanceof Cons && x instanceof Cons) {
    Cons a = this;
    Cons b = (Cons)x;
    if (a.head==null && b.head==null || a.head.equals(b.head)) {
      return a.tail.equals(b.tail);
    }
  }
  return false;
}

// compareTo:    比較
//   a => (1, 2, 3), b => (1, 2, 4)
//   a.compareTo(b) => -1
//   b.compareTo(a) => 1, a.compareTo(a) => 0
public int compareTo(Cons x) {
  if (x == null) return 1;
  else if (this instanceof Nil && x instanceof Nil) return 0;
  else if (this instanceof Nil) return -1;
  else if (x instanceof Nil) return 1;
  else if (this instanceof Cons && x instanceof Cons) {
    Cons a = this;
```

264　第 10 章 Java 環境の導入

```java
    Cons b = (Cons)x;
    if (a.head==null && b.head==null || a.head.equals(b.head)) {
      return a.tail.compareTo(b.tail);
    } else if (a.head instanceof Number &&
               b.head instanceof Number) {
      Number aa = ((Number)a.head);
      Number bb = ((Number)b.head);
      return aa.intValue() < bb.intValue() ? -1 :
               aa.intValue() > bb.intValue() ? 1 :
                 a.tail.compareTo(b.tail);
    } else if (a.head instanceof String &&
               b.head instanceof String) {
      String aa = ((String)a.head);
      String bb = ((String)b.head);
      int cmp = aa.compareTo(bb);
      return  cmp < 0 ? -1 : cmp > 0 ? 1 :
                   a.tail.compareTo(b.tail);
    } else {
      int cmp = a.head.toString().compareTo(b.head.toString());
      return  cmp < 0 ? -1 : cmp > 0 ? 1 :
                   a.tail.compareTo(b.tail);
    }
  }
  return 0;
}

// toString:    文字列化
//   a => (1, 2, (3))
//   a.toString() => "(1, 2, (3))"
public String toString() {
  return  "(" + toString1() + ")";
}

String toString1() {
  return  (head instanceof Cons ? head.toString()
          : head instanceof String ? "¥"" + head.toString() +
          "¥"" : head)
      + (tail != Nil ? ", " + tail.toString1() : "");
}

// mkString:    区切り付き文字列化
//   a => (1, 2, 3)
```

```
//    a.mkString(":") => "1:2:3"
public String mkString(String delim) {
  StringBuilder sb = new StringBuilder();
  Cons c = this;
  while (c != Nil) {
    if (c != this) sb.append(delim);
    sb.append(c.head);
    c = c.tail;
  }
  return sb.toString();
}

// split:   区切り文字で文字列を分割しリストにする
//   Cons.split("a,b,c", ",") => ("1", "2", "3")
public static Cons split(String s, String delim) {
  return Cons.fromArray(s.split(delim, 0));
}

// print, println: コンソール出力
//   a => (1, 2, (3))
//   a.print() => 出力: (1, 2, (3))
//   a.println() => 出力: (1, 2, (3)) 改行
public void print() {
  System.out.print(toString());
}

public void println() {
  System.out.println(toString());
}

// length:    リストの長さ
//   a => (1, 2, 3)
//   a.length() => 3
public int length() {
  if (this == Nil) return 0;
  else return 1 + tail.length();
}

// get:     要素アクセス(Object型で返す，結果利用はキャストが必要)
//   a => (1, 2, 3)
//   a.get(0) => 1 … Object型, x = 5 + (Integer)a.get(0)
```

266 第 10 章 Java 環境の導入

```java
public Object get(int i) {
  if (i == 0) return head;
  else return tail.get(i - 1);
}

// getI:    要素アクセス（Integer型で返す）
//   a => (1, 2, 3)
//   a.getI(0) => 1  … Integer型, x = 5 + a.get(0)
public Integer getI(int i) {
  if (i == 0) return (Integer)head;
  else return tail.getI(i - 1);
}

// getS:    要素アクセス（String型で返す）
//   a => ("1", "2", "3")
//   a.getS(0) => "1"… String型
public String getS(int i) {
  if (i == 0) return (String)head;
  else return tail.getS(i - 1);
}

// getC: 要素アクセス（Cons型で返す）
//   a => ((1, 2), (3))
//   a.getC(0) => (1, 2)  … Cons型
public Cons getC(int i) {
  if (i == 0) return (Cons)head;
  else return tail.getC(i - 1);
}

// append:    リストの連結
//   a => (1, 2, 3), b => (4, 5),
//   a.append(b) => (1, 2, 3, 4, 5)
public Cons append(Cons x) {
  return (this == Nil) ? x : new Cons(head, tail.append(x));
}

// add:      リスト末尾への追加
//   a => (1, 2, 3), b => 4,
//   a.add(b) => (1, 2, 3, 4)
public Cons add(Object x) {
  return append(new Cons(x));
```

```
}

// reverse:   リスト逆順化
//   a => (1, 2, 3)
//   a.reverse() => (3, 2, 1)
public Cons reverse() {
  return (this == Nil) ? this : tail.reverse().add(head);
}

// sorted:   リスト整列
//   a => (2, 1, 3)
//   a.sorted() => (1, 2, 3)
public Cons sorted() {
  Object[] a = toArray();
  Arrays.sort(a);
  return Cons.fromArray(a);
}

// diff:   リスト要素の差集合
//   a => (1, 2, 3), b => (2, 5)
//   a.diff(b) => (1, 3)
public Cons diff(Cons x) {
  if (x == Nil) return this;
  else return diff1(x.head).diff(x.tail);
}

Cons diff1(Object x) {
  if (this == Nil) return Nil;
  else if (head.equals(x)) return tail;
  else return new Cons(head, tail.diff1(x));
}

// find:   リスト要素の検索
//   a => (1, 2, 3)
//   a.find(2) => 2, a.find(4) => null
public Object find(Object x) {
  if (this == Nil) return null;
  else if (head.equals(x)) return x;
  else return tail.find(x);
}
```

268 第 10 章 Java 環境の導入

```java
// contains:    要素が含まれるか
//   a => (1, 2, 3)
//   a.contains(2) => true
public boolean contains(Object x) {
  if (this == Nil) return false;
  else return head.equals(x) ? true : tail.contains(x);
}


// count:   要素のカウント
//   a => (1, 2, 3, 3)
//   a.count(3) => 2
public int count(Object x) {
  if (this == Nil) return 0;
  else return (head.equals(x) ? 1 : 0) + tail.count(x);
}


// sum:    要素の合計
//   a => (1, 2, 3)
//   a.sum() => 6
public int sum() {
  if (this == Nil) return 0;
  else return (Integer)head + tail.sum();
}


// foreach:   順次処理
//   a => (1, 2, 3)
//   a.foreach(x -> System.out.printf("%02d ", x)) => 出力: 01 02 03
@SuppressWarnings("unchecked")
public <T> void foreach(Consumer<T> fun) {
  if (this == Nil) return;
  else { fun.accept((T)head); tail.foreach(fun); }
}


// map:    順次処理(リストで返す)
//   a => (1, 2, 3)
//   a.map((Integer x) -> x * 2) => (2, 4, 6)
@SuppressWarnings("unchecked")
public <T, R> Cons map(Function<T, R> fun) {
  if (this == Nil) return Nil;
  else return new Cons(fun.apply((T)head), tail.map(fun));
}
```

10.2 リスト処理ライブラリ　269

```java
// flatMap:    順次処理(リスト要素を結合して返す)
//   a => ((1, 2, 3), (4, 5))
//   a.flatMap((Cons x) -> x) => (1, 2, 3, 4, 5)
@SuppressWarnings("unchecked")
public <T> Cons flatMap(Function<T, Cons> fun) {
  if (this == Nil) return Nil;
  else return fun.apply((T)head).append(tail.flatMap(fun));
}


// forall:    すべて条件を満たすか
//   a => (1, 2, 3, 4)
//   a.forall((Integer x) -> x < 5) => true
@SuppressWarnings("unchecked")
public <T> boolean forall(Predicate<T> fun) {
  if (this == Nil) return true;
  else return fun.test((T)head) ? tail.forall(fun) : false;
}


// exists:    ひとつでも条件を満たすか
//   a => (1, 2, 3, 4)
//   a.exists((Integer x) -> x > 3) => true
@SuppressWarnings("unchecked")
public <T> boolean exists(Predicate<T> fun) {
  if (this == Nil) return false;
  else return fun.test((T)head) ? true : tail.exists(fun);
}


// count:    条件でカウント
//   a => (1, 2, 3, 4)
//   a.count((Integer x) -> x % 2 == 0) => 2
@SuppressWarnings("unchecked")
public <T> int count(Predicate<T> fun) {
  if (this == Nil) return 0;
  else return (fun.test((T)head) ? 1 : 0) + tail.count(fun);
}


// filter:    条件でフィルタリング
//   a => (1, 2, 3, 4)
//   a.filter((Integer x) -> x % 2 == 0) => (2, 4)
@SuppressWarnings("unchecked")
```

270　第 10 章 Java 環境の導入

```java
public <T> Cons filter(Predicate<T> fun) {
  if (this == Nil) return Nil;
  else return fun.test((T)head) ?
          new Cons(head, tail.filter(fun)) : tail.filter(fun);
}


// findPos:    条件で要素位置を検索
//   a => (1, 2, 3, 4)
//   a.findPos((Integer x) -> x % 3 == 0) => 2,
//   a.findPos((Integer x) -> x == 0) => -1
@SuppressWarnings("unchecked")
public <T> int findPos(Predicate<T> fun) {
  if (this == Nil) return -1;
  else if (fun.test((T)head)) return 0;
  else {
    int pos = tail.findPos(fun);
    return pos == -1 ? -1 : pos + 1;
  }
}


// split:    条件でリストを分割
//   a => (1, 2, 3, 4)
//   a.split((Integer x) -> x == 3) => ((1, 2), ( 4))
Cons splitLeft(int pos) {
  return pos <= 0 ? Nil : new Cons(head, tail.splitLeft(pos - 1));
}
Cons splitRight(int pos) {
  return pos <= 0 ? this : tail.splitRight(pos - 1);
}
public <T> Cons split(Predicate<T> fun) {
  int pos = findPos(fun);
  return Cons.of(splitLeft(pos), splitRight(pos+1));
}
}
```

10.3　本書のソースコード入手先

　本書に掲載されているソースコードは，下記 Web サイトよりダウンロードできます。

　URL：　　　https://www.sankeisha.com/~fukai/javaai/

　動作環境：　Windows 10，Eclipse 4.6（64bit），JDK8
　著作権：　　本ソースコードの著作権は著者が所有しております。個人での利用は自由ですが，再販売・再配布を禁じます。
　免責：　　　本ソースコードは，その効果を保証するものではありません。また，ソースコードの導入および動作に関し，著者および出版社は一切の責任を負いません。
　留意事項：　上記 URL およびソースコード内容は，予告なく変更・公開停止することがあります。

【本ソースコードの実行方法】

・ Eclipse を起動し，「ファイル」→「ワークスペースの切り替え」→「その他」を選び，適当な場所に，例えば「C:¥workspaceTestAI」などのワークスペースを作成。

・ Web サイトからダウンロードした圧縮ファイルを適当な場所に展開（解凍）。その中の「TestAIProject」というプロジェクトフォルダを，フォルダごと「workspaceTestAI」のフォルダ内に移動させ配置。

・ Eclipse で，ファイル→インポートを選択し，リストの中から「一般」→「既存プロジェクトをワークスペースへ」を選択し，「次へ」へ進む。「ルート・ディレクトリーの選択」の「参照」ボタンで，先ほど配置した「TestAIProject」というプロジェクトフォルダを選択し，「完了」をクリック。

・ プログラムを実行する際は，「src」以下にある…App.java を選択し，「実行」ボタンをクリック，「Java アプリケーション」を選んで「OK」する。

索 引

■ <

<T>, 15

■ A

A*アルゴリズム, 162
abstract, 144
AE, 217
AI, 9
Alife, 127
Alignment, 135
alpha-beta pruning, 96
AND, 195
AnimationTimer, 131
append, 66
Application, 17
Artificial Intelligence, 9
Artificial Life, 127
A-star, 162
Autoencoder, 217

■ B

backtracking, 54
backward chaining, 103
Boids, 127
Breadcrumb Path finding, 154

■ C

Cohesion, 135
Cons, 31
Consumer, 235
Cons のコンストラクタ, 34
contains, 75
count, 68

■ D

DAE, 226
decode, 217
Deep Neural Network, 239
Denoising AutoEncoder, 226
diff, 65

■ E

Eclipse, 250
encode, 217
exists, 70
expert system, 100
extends, 17

■ F

FIFO, 157
filter, 52
Fine-tuning, 240
Finite State Machine, 175
flatMap, 48
forall, 44
foreach, 49
forward chaining, 103
fromArray, 35

■ G

generalization ability, 186
get, 14
getC, 68
getI, 45
GraphicsContext, 17

■ H

head, 35

■ I

inference engine, 100

■ J

JavaFX, 15
JavaFX アプリケーションスレッド, 87,
151

■ K

knowledge base, 100

■ L

length, 66
LinkedList, 157
local minimum, 206
Logistic regression, 185

■ M

makeCharArray2, 82
makeIntArray2, 56
map, 37
maxmin strategy, 89
mkString, 38
MLP, 196
MNIST, 208
Multilayer perceptron, 196

■ N

neural network, 184
Nil, 35, 257
NPC, 140
N クイーン問題, 40

■ O

of, 34
open リスト, 163

■ P

parallel, 235
Perceptron, 184
Platform.runLater, 87
Pre-training, 239
production system, 100

■ R

range, 34
reverse, 37

■ S

Scala, 249
Scala オブジェクト, 253
SDA, 239
Separation, 135
Shape, 131
sleep, 152
sorted, 63
Stacked Denoising AutoEncoder, 239
start, 17
State Transition Diagram, 176
Stochastic Gradient Descent, 219
strokeLine, 25
sum, 94
Supplier, 14

■ T

tail, 35
Thread, 132
TicTacToe, 78
tied weight, 219
trace, 14

■ W

weight decay, 226

■ X

XOR, 195

■ Z

zero-sum game, 77

■ あ

アクション, 102
後入れ先出し, 157
アトム, 257
アルファ値, 99
α カット, 96
アルファベータカット, 96
アルファベータ法, 96

■ い

イベント, 175
イミュータブル, 34
インタープリタ方式, 249
インデント, 13

■ う

後ろ向き推論, 103

■ え

エキスパートシステム, 100
枝刈り, 49
エンコード, 217

■ お

オートエンコーダ, 217
重み, 185

■ か

過学習, 186
学習, 186
学習率, 193
確率的勾配降下法, 219
隠れ層, 196
可視化, 212
荷重減衰率, 226
荷重値, 185
型パラメータ, 15, 259
空リスト, 35, 257
関数型インタフェース, 14
関数型言語, 34

■ き

騎士の巡回問題, 54
キャラクタ, 140
キュー, 157
教師信号, 186
教師なし学習, 217
局所解, 206

■く

繰り返し, 9

■け

継承, 17
結合, 136

■こ

誤差逆伝播学習法, 197
コッホ曲線, 18
コレクション, 259
コンスセル, 31, 257
コンソールウィンドウ, 256
コンパイラ方式, 249
コンパイル, 256

■さ

再帰関数, 10
再帰呼び出し, 9
再帰レベル, 13
細胞体, 184
三目並べゲーム, 78

■し

シーングラフ, 131, 132
ジェネリック, 259
シェルピンスキー曲線, 23
閾値, 190
シグモイド関数, 201
次元圧縮, 225
自己相似形, 15
事実, 102
シナプス, 184
囚人のジレンマ, 78
出力層, 195
状態, 175
状態空間, 40
状態空間探索, 40
状態遷移図, 176
衝突, 145
人工生命, 127
人工生命シミュレーション, 135
人工知能, 9
深層学習, 207

■す

推論, 100
推論エンジン, 100
数学関数, 9
スーパークラス, 75

図形, 131
スタック, 12
スタックオーバーフロー, 10
スレッド, 132

■せ

静的型付け, 249
整列, 136
セマフォ, 153
ゼロサムゲーム, 77
遷移, 175
宣教師とモンスター問題, 59
線形分離, 195
線形分離不可能問題, 195
前提条件, 102

■そ

総称型, 259
ソート, 63
ソフトマックス関数, 186

■た

待機処理, 152
多クラス分類, 185
多重継承, 175
多層デノイジングオートエンコーダ, 239
多層パーセプトロン, 196
単純パーセプトロン, 184

■ち

知識ベース, 100
中間層, 196
抽象クラス, 144
抽象メソッド, 144

■つ

ツリー曲線, 26
ツリー構造, 257

■て

ディープニューラルネットワーク, 239
ディープラーニング, 207
手書き文字認識, 208
デコード, 217
デノイジングオートエンコーダ, 226

■と

動的型付け, 249
ドラゴン曲線, 21
トレース, 13

■ な

流れ図, 83

■ に

二次元配列, 56
二進木, 257
ニューラルネットワーク, 184
入力層, 195
ニューロン, 184

■ の

農民と狼とヤギとキャベツ問題, 71
ノンプレイヤーキャラクタ, 140

■ は

バイアス, 190
排他制御, 238
排他論理和, 195
配列, 36
派生, 17
パターン認識, 184
パターンマッチング, 109
発火, 184
バックトラッキング, 54
バックプロパゲーション, 197
パッケージ, 252
ハノイの塔, 29
幅優先探索, 49
汎化能力, 186
パンくず拾い, 154

■ ひ

非ゼロサムゲーム, 78
ヒューリスティック関数, 164
描画コンテキスト, 17

■ ふ

ファインチューニング, 240
深さ優先探索, 58
副作用, 34, 256
副問題, 29
二人零和有限確定完全情報ゲーム, 77
フラクタル, 15
プレトレーニング, 239
フローチャート, 83
プログラム, 253
プロジェクト, 250
プロダクションシステム, 100

分離, 136

■ へ

並列演算, 233
ベータ値, 99
β カット, 96

■ ほ

ボイド, 127

■ ま

マウスイベント, 88
前向き推論, 103
マップ, 140
マルチスレッド, 87, 151

■ み

ミニバッチ更新, 219
ミニマックス戦略, 89

■ む

群れ, 135

■ も

目標状態, 40

■ ゆ

有限状態マシン, 175

■ ら

ラムダ式, 14
ラムダ式の引数型宣言, 37
ランダム, 127

■ り

リスト, 36
リスト処理ライブラリ, 31

■ る

ループ処理, 9
ルール, 102

■ ろ

ローカルミニマム, 206
ロジスティック回帰, 185
ロジスティック関数, 185
論理積, 195

■筆者紹介

深井　裕二（ふかい　ゆうじ）

北海道科学大学高等教育支援センター学士課程教育支援部門講師

プログラミング分野、実用的ソフトウェア開発や教育支援システム開発の研究に従事

公開フリーソフトにMoodle小テスト問題作成ソフトQuEditがある

Java人工知能プログラミング
―オブジェクト指向と関数スタイルによるAIの実装―

2016年9月28日	初版発行
2019年4月25日	第三版発行

著　者　　深井　裕二

定価(本体価格2,400円+税)

発行所　　株式会社　三恵社
〒462-0056 愛知県名古屋市北区中丸町2-24-1
TEL 052 (915) 5211
FAX 052 (915) 5019
URL http://www.sankeisha.com

乱丁・落丁の場合はお取替えいたします。　　　　　　　　　　　©2016 Yuji Fukai

ISBN978-4-86487-569-1 C2004 ¥2400E